# *Geschichten mit Humor*

## A reader for advanced beginning German students

**Veronika Albrecht-Rodrigues**

**Cover design:** Lisa Buckley
**Interior design:** Lucy Lesiak
**Interior illustrations:** Andrew Grossman, the Toos Studio

Glencoe

The McGraw-Hill Companies



Send all inquiries to:
Glencoe/McGraw-Hill
8787 Orion Place
Columbus, OH 43240

ISBN : 0-658-00537-5

Printed in the United States of America

2 3 4 5 6 7 8 9 CHG 14 13 12 11 10 09 08 07

# Contents

# Introduction

*Geschichten mit Humor* is an introductory reader for advanced beginning students of German. The twenty-seven humorous short stories use simple, yet authentic and natural language to deal with a variety of comical situations. Although the situations are often satirical and a bit farfetched, the topics themselves—such as learning languages, eating out, going to the doctor, studying, and traveling—are ones that are traditionally featured in basal texts. By providing imaginative situations sprinkled with humor, these stories will help students strengthen their own communication skills and thus bolster their self-confidence when they speak German. Because they are short stories, all can be read well within one class period.

Each story starts with a **prereading** activity that encourages students to use their prior knowledge and critical thinking skills to make their own special connection to the story. Lively classroom discussions can result from these **Vor dem Lesen** activities. Each reading is followed by comprehension exercises that check students' understanding. Students answer objective questions based on what they have just read, and might also have to complete multiple-choice questions or determine if statements are true or false, correcting the false information. The **Zum Verständnis** section ends with **Und du?,** so everyone has a chance to express his or her opinion. Following this, there are exercises that focus on the vocabulary, verbs, and structures used in the stories. For example, students might identify cognates, synonyms, or antonyms in the **Wörter und Ausdrücke** section; supply the correct verb form in the **Verben** section; or choose the right reflexive pronoun, modal auxiliary, or construction with *weder . . . noch* in the **Strukturen** section. High-frequency vocabulary and expressions are used throughout to facilitate comprehension, and the more difficult terms have been glossed on the page, defined in English, and then included, along with other words, in the vocabulary list at the back of the book. A whimsical illustration accompanies each story and adds to the humor and meaning of the text.

Students might enjoy role-playing these stories for the rest of the class or for a smaller group. If they do, not only will the "actors" refine their interpretive reading skills, but their audience will strengthen its listening skills. Having students listen to the stories on an audiocassette that is available will also polish listening skills. Each story has been recorded and is read by native speakers.

*Geschichten mit Humor* is the perfect complement to any basal text for advanced beginners and is the ideal addition to your German class. Students will enjoy reading these engaging stories as they move toward mastery of the structures needed for self-expression in German. Teachers will appreciate the book's flexible organization that lets them select stories in any order to reinforce topics or structures being studied or reviewed in class.

# 1.
# Eine Fremdsprache

VOR DEM LESEN: ***Warum lernst du deutsch? Machst du es gern? Kannst du noch andere Sprachen? Welche?***

Schnapsi° ist zwei Jahre alt. Er ist der intelligenteste Hund im ganzen Dorf. Am ersten Schultag verläßt° er das Haus um acht Uhr, gleich nach dem Frühstück. Er ist ein ehrgeiziger° Hund: er möchte früh in der Schule ankommen. Seine Mutter fragt ihn:

„Um wieviel Uhr kommst du heute von der Schule heim?"

**Schnapsi** popular name for a small dog

**verläßt** leave

**ehrgeiziger** ambitious

„Heute komme ich gegen halb drei Uhr nach Hause," antwortet Schnapsi.

Während des Tages schaut Schnapsis Mutter öfters auf die Uhr. Sie möchte gern wissen, wie es ihrem Liebling° am ersten Schultag geht. Sie ist an seinen Fortschritten sehr interessiert.

Genau um drei Uhr steht Schnapsi vor dem Haus. Er klopft mit der Pfote° an die Tür. Seine Mutter macht die Tür auf und sagt:

„Guten Tag, mein kleiner Liebling!"

„Miau, miau!" sagt Schnapsi, ganz wie eine Katze.

„Was sagst du da, Schnapsi?" fragt seine Mutter überrascht.° „Warum ahmst° du denn eine Katze nach? Kannst du denn nicht bellen° und heulen° wie alle andern Hunde?"

„Aber sicher kann ich bellen und heulen!" sagt der kleine Hund. „Doch ich möchte dir zeigen,° wie gescheit° ich bin. Heuer° lernen wir eine Fremdsprache in der Schule, und ich kann schon 'miau, miau' sagen."

**Liebling** darling
**Pfote** paw
**überrascht** surprised
**ahmst . . . nach** imitate
**bellen** to bark
**heulen** to howl
**zeigen** to show
**gescheit** smart
**Heuer** This year

## ZUM VERSTÄNDNIS

**A.** Richtig oder falsch? Vor jeden Satz, schreib *R* für *richtig* und *F* für *falsch*. Korrigiere die falschen Sätze.

1. Schnapsi geht jeden Tag in die Schule.
2. Er kommt um ungefähr halb drei nach Hause.
3. Er öffnet die Tür und geht ins Haus.
4. Der kleine Hund kann nicht bellen.
5. Schnapsi spricht jetzt eine Fremdsprache.

**B.** Beantworte die folgenden Fragen in ganzen Sätzen.

1. Wie heißt der Hund?
2. Wie alt ist er?
3. Ist Schnapsi ehrgeizig?
4. Um wieviel Uhr geht Schnapsi aus dem Haus?
5. Wo geht er hin?
6. Wann kommt er zurück?

7. Woran ist seine Mutter interessiert?
8. Wer sagt „miau, miau"?
9. Wen ahmt Schnapsi nach?
10. Was lernt Schnapsi in der Schule?

**C.** Und du?

1. Wie heißt du?
2. Wie alt bist du?
3. Um wieviel Uhr gehst du morgens aus dem Haus?
4. Um wieviel Uhr mußt du in der Schule sein?
5. Wann kommst du nachmittags nach Hause?
6. Was für Gegenstände hast du in der Schule?
7. Was ist dein Lieblingsgegenstand?
8. Lernst du eine Fremdsprache?
9. Hast du einen Hund oder eine Katze?

## WÖRTER UND AUSDRÜCKE

**A. Synonyms:** Match the words and expressions that have the same meaning.

| | |
|---|---|
| **1.** aufmachen | **a.** dieses Jahr |
| **2.** ungefähr | **b.** gescheit |
| **3.** heim | **c.** morgens |
| **4.** intelligent | **d.** gegen |
| **5.** früh | **e.** nach Hause |
| **6.** von Zeit zu Zeit | **f.** öfters |
| **7.** heuer | **g.** öffnen |

**B. Antonyms:** Match the words and expressions that have the opposite meaning.

| | |
|---|---|
| **1.** früh | **a.** antworten |
| **2.** guten Tag | **b.** das Kind |
| **3.** weggehen | **c.** auf Wiedersehen |
| **4.** fragen | **d.** der letzte |
| **5.** die Mutter | **e.** spät |
| **6.** der erste | **f.** zurückkommen |

## VERBEN

**A. Complete** the following sentences with the verbs in parentheses.

1. Wann _________ mein Kind von der Schule _________? *(heimkommen)*
2. Er _________ mit der Pfote an das Fenster. *(klopfen)*
3. _________ ihr bitte die Tür _________? *(zumachen)*
4. Mutter, bitte _________ mir die Tür _________! *(aufmachen)*
5. Ich _________ eine Katze _________. *(nachahmen)*
6. Hunde, die _________, beißen nicht. *(bellen)*
7. _________ ihr jetzt auch deutsch? *(lernen)*
8. Wir _________ nicht mit den Wölfen! *(heulen)*

**B. Complete** the following sentences with the verbs in parentheses. These are verbs with vowel changes.

1. Wieviele Fremdsprachen _________ du? *(sprechen)*
2. Er _________ das Haus immer früh. *(verlassen)*
3. _________ ihr zu Hause deutsch? *(sprechen)*
4. Wir _________ jetzt die Stadt. *(verlassen)*
5. Schnapsi _________ dem Kind die Pfote. *(geben)*
6. _________ du mir Geld für die Straßenbahn? *(geben)*
7. Dort _________ Schnapsis Mutter über die Straße! *(laufen)*
8. _________ du heute mit dem Rad in die Schule? *(fahren)*

## STRUKTUREN

**A. Compound words:** Which words in the story are composed of two other words? List those words, along with their component words. If the word is a noun, also list its definite article.

**B. Complete** the following sentences with the adjectives in parentheses. You will be using the comparative and superlative forms.

**1.** Dieser Hund ist am ________ von allen. *(intelligent)*
**2.** Meine Katze ist sicher ________ als deine. *(alt)*
**3.** Bist du ________ als ich? *(jung)*
**4.** Von allen Kindern ist sie am ________. *(gescheit)*
**5.** Hans ist ________ als sein Bruder. *(ehrgeizig)*
**6.** Die Menschen im Uralgebirge werden am ________. *(alt)*

# 2.
# Das Restaurant

VOR DEM LESEN: ***Hättest du gern ein Restaurant? Was kann man alles machen, um für sein Geschäft zu werben?***

Ich heiße Hans Schmidt und ich lebe in München. Gestern war ich in der Stadt, und da ist mir das Folgende passiert.

Ich bin an einem großen Restaurant vorbeigegangen. Da habe ich einen Mann gesehen, der an einem Fensterplatz saß und ein Riesensteak mit Pommes Frites° aß. Ich mag Steak mit Pommes Frites sehr gern, und ich hatte großen Hunger.

**Pommes Frites** french fries

Also bin ich in das Restaurant hineingegangen und habe mich hingesetzt. Bald kam der Kellner und brachte mir die Speisekarte.° Dann fragte er mich:

„Was darf es sein, mein Herr? Fleisch? Fisch? Alle unsere Gerichte° sind ausgezeichnet."

„Bringen Sie mir eine Flasche° Mineralwasser, bitte, denn ich habe Durst. Und dann bringen Sie mir ein gutes Steak mit Pommes Frites, denn ich habe großen Hunger!"

Nach kurzer Zeit stellte der Kellner einen kleinen Teller° mit einem winzigen Steak und ein paar Pommes Frites vor mich auf den Tisch. Mein Appetit war enorm, aber die Portion war sehr klein. Traurig° schaute ich auf meinen Teller.

„Warum ist diese Portion so klein?" fragte ich. „Der Herr dort am Fenster hat eine große Portion. Bezahlt er denn mehr als ich? Ich bin kein Fremder, Herr Ober!° Ich bin aus München, und ich glaube, Sie wollen mich betrügen.° Ich möchte mit dem Inhaber° dieses Restaurants sprechen."

„Ich versichere° Ihnen, mein Herr, daß ich niemand betrüge," sagte der Kellner. „Sie haben unrecht. Und Sie können jetzt mit dem Inhaber nicht sprechen. Er ist beschäftigt.° Er ist es, der dort am Fenster sitzt und das große Steak mit Pommes Frites ißt."

**Speisekarte** menu
**Gerichte** dishes *(to eat)*
**Flasche** bottle
**Teller** plate
**Traurig** Sad
**Herr Ober** Waiter! *(form of address)*
**betrügen** to deceive
**Inhaber** owner
**versichere** assure
**beschäftigt** busy

## ZUM VERSTÄNDNIS

**A.** Ergänze die numerierten Sätze für eine Zusammenfassung der Geschichte.

**1.** Hans geht
**2.** Hans sieht einen Mann,
**3.** Hans will
**4.** Die Portion ist nicht
**5.** Hans denkt, daß
**6.** Er möchte
**7.** Der Inhaber hat

**a.** der Kellner ihn betrügen will.
**b.** ein Steak mit Pommes Frites.
**c.** eine große Portion.
**d.** an einem Restaurant vorbei.
**e.** mit dem Inhaber sprechen.
**f.** sehr groß.
**g.** der am Fenster sitzt.

**B.** Beantworte die folgenden Fragen in ganzen Sätzen.

1. Ist Hans Amerikaner oder Deutscher?
2. Wo sitzt der Herr?
3. Was mag Hans sehr gern?
4. Warum möchte Hans Mineralwasser?
5. Hat er großen Appetit?
6. Warum schaut er traurig auf seinen Teller?
7. Was glaubt Hans?
8. Wer ißt die große Portion: der Kellner, der Inhaber, oder Hans?

**C.** Und du?

1. Bist du Amerikaner/in oder Deutsche/r?
2. Wo sitzt du gern, wenn du in einem Restaurant ißt?
3. Welche Küche magst du am liebsten: die französische, die deutsche, die amerikanische, die chinesische, die italienische, oder eine andere?
4. Hast du meistens großen Appetit?
5. Was ißt du am liebsten?
6. Ißt du lieber im Restaurant oder zu Hause?
7. Was machst du am liebsten, wenn du für dich selbst kochst?
8. Hast du lieber wenige große Mahlzeiten am Tag, oder ißt du lieber öfter, und kleinere Mahlzeiten und Imbisse?

## WÖRTER UND AUSDRÜCKE

**A. Cognates:** Match the words with the same meaning. Note the difference in form and pronunciation.

| | |
|---|---|
| **1.** enorm | **a.** restaurant |
| **2.** Portion | **b.** mineral water |
| **3.** Appetit | **c.** portion |
| **4.** Mineralwasser | **d.** enormous |
| **5.** Restaurant | **e.** appetite |

**B. Antonyms:** Match the words and expressions that have the opposite meaning.

| | |
|---|---|
| **1.** hinein | **a.** klein |
| **2.** Hunger | **b.** hinterher |
| **3.** groß | **c.** geben |
| **4.** vorher | **d.** hinaus |
| **5.** nehmen | **e.** Durst |

## VERBEN

**A. Answer** the following questions using the imperfect.

1. Ist Hans in ein Restaurant gegangen?
2. Hat der Kellner Mineralwasser gebracht?
3. Hat Hans großen Hunger gehabt?
4. Ist das Steak für Hans sehr groß gewesen?
5. Hat er mit dem Inhaber gesprochen?
6. Ist dir schon einmal so etwas passiert?

**B. Complete** the following sentences with the verbs in parentheses. You will be using verbs with separable prefixes.

| | |
|---|---|
| **1.** Mein Freund und ich ________ öfters zum Essen ________. | *(ausgehen)* |
| **2.** Erst ________ ich mich ein bißchen ________. | *(ausruhen)* |
| **3.** Dann ________ ich mich manchmal ________. | *(umziehen)* |
| **4.** Hans ________ mich gegen sieben Uhr ________. | *(abholen)* |
| **5.** Meine Mutter fragt „________ ihr jetzt ________?" | *(weggehen)* |
| **6.** Ich frage sie: „________ du heute ________?" | *(mitkommen)* |
| **7.** Sie sagt: „Nein danke, heute ________ ich lieber ________." | *(daheimbleiben)* |
| **8.** Hans ________ ________ und startet das Auto. | *(hinausgehen)* |
| **9.** Un dann ________ wir ________. | *(wegfahren)* |

## STRUKTUREN

**A. Complete** the following sentences with the reflexive pronouns required by the verbs.

1. Wenn man sitzen will, muß man _________ hinsetzen.
2. Bitte stellen Sie _________ ans Fenster!
3. Habt ihr _________ noch nicht umgezogen?
4. Du siehst recht müde aus; leg _________ doch ein bißchen hin!
5. Das Steak ist ja winzig! Ich will _________ beim Inhaber beschweren.
6. Sollen wir _________ auf den Fensterplatz setzen?

**B. Compound words:** Which words in the story are composed of two other words? List those words, along with their component words. If the word is a noun, also list its definite article.

# 3.
# Eine Ansichtssache°

**Ansichtssache** matter of opinion

Vor dem Lesen: ***Was sagst du zu deiner Lehrerin oder deinem Lehrer, wenn du deine Hausaufgaben° nicht fertiggemacht hast?***

**Hausaufgaben (Aufgaben)** homework

Hermann ist ein sehr intelligenter Junge. Fragenstellen ist eine Lieblingsbeschäftigung° von ihm. Eines Sonntagnachmittags kommt Hermann zu seiner Mutter und sagt:

„Mama, was ist besser, ein großes oder ein kleines Auto?"

„Nun, Hermann, das ist eine Ansichtssache. Ein kleines Auto ist leicht zu parken, aber in einem großen fährt man bequemer,° wenn man eine Urlaubsreise macht."

Hermann bedankt sich und geht wieder spielen. Aber bald steht er wieder da und fragt:

**Lieblingsbeschäftigung** favorite pastime

**bequemer** more comfortably

„Mama, ist es besser, mit dem Zug zu reisen, oder mit dem Flugzeug?"

„Nun, Hermann, das ist eine Ansichtssache," antwortet die Mutter wieder. „Auf dem Zug kann man die Aussicht° genießen,° von einem Waggon° in den anderen gehen, im Speisewagen essen, und man kann sogar im Schlafwagen schlafen, während man unterwegs° ist. Aber wenn man mit dem Flugzeug reist, kann man in sehr kurzer Zeit von einer Stadt in die andere, ja sogar aus einem Land in ein anderes reisen, weil ein Flugzeug mit so hoher Geschwindigkeit° fliegt."

„Mama, du weißt sehr viel," sagt Hermann, und geht wieder spielen.

Vor dem Einschlafen hat Hermann noch eine Frage.

„Mama, ist es besser, Basketball zu spielen, oder Schach?"°

„Nun, Hermann, das ist eine Ansichtssache. Manche Leute spielen Basketball, weil sie gerne rennen, springen, und den Ball werfen. Andere Leute sitzen lieber vor dem Schachbrett und denken sorgfältig° über ihren nächsten Zug° nach."

„Du bist sehr gescheit, Mama," sagt Hermann, indem ihm seine Augen zufallen.

Am nächsten Tag, zu Beginn des Unterrichts, sammelt° die Lehrerin Susanne die Hefte mit den Aufgaben der Kinder ein. Hermann sagt ihr, daß sein Heft zu Hause ist.

„Alle Kinder sollen ihre Hefte mitbringen," sagt Susanne.

„Nun, Frau Lehrerin, das ist eine Ansichtssache," antwortet der Junge.

„Eine Ansichtssache? Was willst du damit sagen, Hermann?"

„Nun, Frau Lehrerin," erwidert Hermann, „die Kinder , die ihre Aufgaben gemacht haben, sollen ihre Hefte mitbringen. Aber wenn ein Kind die Aufgabe nicht gemacht hat, ist es besser, das Heft zu Hause zu lassen."

**Aussicht** view
**genießen** to enjoy
**Waggon** railway car
**während man unterwegs ist** while traveling
**Geschwindigkeit** speed
**Schach** chess
**sorgfältig** carefully
**Zug** move
**sammelt . . . ein** collect

## ZUM VERSTÄNDNIS

**A.** Richtig oder falsch? Vor jeden Satz, schreib *R* für *richtig* und *F* für *falsch*. Korrigiere die falschen Sätze.

**1.** Hermann ist ein sehr intelligenter Junge.
**2.** Der Junge dankt seiner Mutter nicht.
**3.** Wenn man mit dem Flugzeug fliegt, kann man im Schlafwagen schlafen.
**4.** Ein Flugzeug fliegt mit hoher Geschwindigkeit.
**5.** Schachspieler rennen lieber.
**6.** Basketballspieler springen lieber.
**7.** Die Lehrerin sagt, daß die Kinder ihre Hefte nicht in die Schule mitbringen sollen.
**8.** Jeder sitzt gern vor einem Schachbrett.

**B.** Beantworte die folgenden Fragen in ganzen Sätzen.

**1.** Was ist eine Lieblingsbeschäftigung des Jungen?
**2.** Was ist der Vorteil von einem kleinen Auto?
**3.** Wann kann man nach der Ansicht der Mutter die Umgebung genießen?
**4.** Wo schlafen die Reisenden, wenn sie mit dem Zug reisen?
**5.** Was macht Hermann, nachdem die Mutter seine letzte Frage beantwortet hat?
**6.** Was macht ein Basketballspieler alles, während er Ball spielt?
**7.** Wer ist Susanne? Was möchte sie haben?
**8.** Warum sagt Hermann, „das ist eine Ansichtssache?"

**C.** Und du?

**1.** Was ist eine deiner Lieblingsbeschäftigungen?
**2.** Was für eine Art Auto hast du am liebsten? Warum?
**3.** Was für ein Transportmittel benützt du, wenn du in Urlaub fährst?
**4.** Spielst du lieber Basketball oder Schach? Warum?
**5.** Hast du Angst vorm Fliegen? Warum?
**6.** Wohin und mit wem fährst du in Urlaub?
**7.** Zu welcher Jahreszeit fährst du in Urlaub?
**8.** Was ist dein Lieblingsziel für den Urlaub? Warum?

## WÖRTER UND AUSDRÜCKE

**A. Synonyms:** Match these words and expressions to those in the story that have the same meaning.

1. geschwind
2. erwidern
3. unterwegs sein
4. nach kurzer Zeit
5. eine Menge

**B. Complete** these phrases using an antonym.

1. Was nicht schwer ist, das ________.
2. Häuser, die nicht niedrig sind, ________.
3. Wer nicht langsam fährt, ________.
4. Ein Bett, das nicht bequem ist, ________.
5. Autos, die nicht groß sind, ________.

## VERBEN

**A. Complete** the following sentences with the verbs in parentheses, using the present or imperfect depending on the context.

1. Jetzt ________ mein Mann in die Stadt. *(fahren)*
2. Vor einem Jahr ________ wir nach Italien. *(fahren)*
3. Thomas ________ seinen Urlaub. *(genießen)*
4. Morgen ________ wir bis neun Uhr. *(schlafen)*
5. Ich fragte ihn, aber er ________ mir nicht. *(antworten)*
6. ________ du jetzt den Ball zu mir? *(werfen)*

**B. Complete** the following sentences using *wissen*.

1. Ich ________ es nicht.
2. Er glaubt es, aber er ________ es nicht genau.
3. Frau Berg ________ immer alles besser.
4. ________ Sie, wo mein Regenschirm ist?
5. Christine, du ________ so viel über Gold und Silber.
6. Wir ________ nie genau, was morgen sein wird.

## STRUKTUREN

**A. Complete** the following sentences using the comparative form of the adjectives and adverbs given below.

1. Der Elefant ist _________ als du.
2. In einer Limousine kann man _________ sitzen.
3. Ich esse _________ Brot.
4. Er spielt viel _________ Schach als ich.
5. Der Baum ist _________ als das Haus.

| | | | | |
|---|---|---|---|---|
| gut | groß | gern | bequem | hoch |

**B. Combine** the following sentence pairs using the conjunction *wenn.*

EXAMPLE: *Er fährt mit dem Porsche. Er kommt schneller hin.*
*Wenn er mit dem Porsche fährt, kommt er schneller hin.*

1. Sie fliegt mit dem Flugzeug. Sie kann morgen in Wien sein.
2. Wir reisen mit dem Zug. Wir können die Aussicht genießen.
3. Ihr steht dort drüben. Ihr hört uns spielen.
4. Du wirfst den Stein ins Wasser. Du siehst Ringe im Wasser.
5. Ihr parkt das Auto. Wir gehen zusammen spazieren.
6. Wir gehen bald schlafen. Wir können früh aufstehen.

# 4.

# Die Überraschung°

**Überraschung** surprise

Vor dem Lesen: ***Hast du Überraschungen gern? Oder hast du es lieber, wenn du alles im Voraus weißt?***

Endlich ist die Familie Müller in ihrem neuen Haus. Die Kleinen sind glücklich, weil sie jetzt viel Platz zum Spielen haben mit ihren neuen Freunden. Der Vater jedoch° macht sich Sorgen.° Nachdem sie noch die neuen Möbel° gekauft haben, ist nicht mehr viel Geld auf dem Konto.

**jedoch** however
**macht sich Sorgen** is worried
**Möbel** furniture

„Wir müssen jetzt sehr vorsichtig sein mit dem Geldausgeben," sagt Jürgen zu seiner Frau Gerda.

„Mach dir keine Sorgen," antwortet sie.

Es vergehen einige Tage, und Frau Müller denkt sich, daß sie den Geburtstag ihres Mannes mit einer Party feiern sollte—obwohl sie knapp° dran sind mit Geld. Jürgen verdient es; nicht nur, weil er ein guter Ehemann und Vater ist, sondern auch, weil er immer fleißig° arbeitet. Sie ist sicher, daß ihr Mann kein Geld für Partys ausgeben will. Sie bittet daher die Kinder, das Geheimnis° nicht zu verraten° und die Überraschung nicht zu verderben.°

An Jürgens Geburtstag sagt Gerda zu ihrem Mann:

„Wie schade,° Jürgen, daß wir dieses Jahr (heuer) deinen Geburtstag nicht mit einer Party in unsrem neuen Haus feiern können."

„Es ist besser so, Gerda. Wir sind knapp dran mit Geld. Das neue Haus ist schon ein großes Geschenk,"° antwortet Jürgen.

Am Abend treffen die Gäste für die Überraschungsparty ein. Die Kinder passen am Fenster auf, damit sie sehen können, wenn der Vater kommt. Nach einer Weile sagen sie:

„Mama! Er kommt! Papa kommt!"

Als er seinen Vater sieht, läuft ihm der dreijährige Felix entgegen° und ruft: „Papa! Papa! Da sind gar keine Gäste versteckt° im Haus für deine Party!"

**sind knapp dran mit** are short of

**fleißig** industriously

**Geheimnis** secret

**verraten** to betray, give away

**verderben** to spoil

**Wie schade** It's too bad

**Geschenk** gift

**läuft ihm . . . entgegen** runs to meet him

**versteckt** hidden

## ZUM VERSTÄNDNIS

**A.** Richtig oder falsch? Vor jeden Satz, schreib *R* für *richtig* und *F* für *falsch*. Korrigiere die falschen Sätze.

**1.** Die Kinder in dieser Geschichte sind glücklich in ihrem neuen Haus.

**2.** Die Kinder haben neue Freunde.

**3.** Jürgen und Gerda haben eine Menge Geld auf der Bank, nachdem sie das Haus gekauft haben.

**4.** Gerda möchte den Geburtstag von ihrem Mann feiern.

**5.** Jürgen will Geld für eine Geburtstagsparty ausgeben.

**6.** Alle Kinder in der Familie behalten das Geheimnis für sich.

**7.** Die Gäste kommen an, als es Abend wird.

**8.** Felix ist drei Jahre alt.

**B.** Beantworte die folgenden Fragen in ganzen Sätzen.

1. Was ist der Familienname des Vaters in unserer Geschichte?
2. Warum sind Gerdas Kinder glücklich?
3. Was möchte der Vater tun, jetzt wo sie im neuen Haus sind?
4. Für wen und warum möchte Gerda eine Party geben?
5. Worum bittet Gerda ihre Kinder?
6. Wo kommen die Gäste an?
7. Wozu kommen die Gäste?
8. Was machen die Kinder am Fenster?

**C.** Und du?

1. Wie, glaubst du, reagiert Jürgen, nachdem er sein Sohns Worte hört?
2. Wie und mit wem feierst du gern deinen Geburtstag?
3. Hast du Überraschungspartys gern? Warum?
4. Sogar wenn du nicht viel Geld hast, gibst du trotzdem eine Überraschungsparty für deinen Freund oder deine Freundin? Warum?
5. Wieviele Leute ladest du ein, wenn du eine Party gibst? Was planst du als Unterhaltung für die Party?
6. Wohnst du mit deiner Familie lieber in einem alten oder in einem neuen Haus? Warum?
7. Beschreib das Haus, das du eines Tages haben möchtest.
8. Was macht diese Geschichte komisch?

## WÖRTER UND AUSDRÜCKE

**A. Antonyms:** Match the words and expressions that have the opposite meaning.

| | |
|---|---|
| **1.** neu | **a.** viel haben |
| **2.** vorsichtig | **b.** wie gut |
| **3.** jedoch | **c.** alt |
| **4.** fleißig | **d.** unvorsichtig |
| **5.** wie schade | **e.** aber |
| **6.** knapp dran sein | **f.** faul |

**B. Complete** the following sentences with the words given below.

1. Heute hat der Vater _________.
2. Als _________ geben sie ihm eine kleine Party.
3. Maria hat eine _________ gebacken.
4. Karen hat _________ geholt.
5. Sein _________ ist ein sehr bequemer Sessel.
6. Als der Vater heimkommt, zünden wir schnell die _________ auf der Torte an.

| | | |
|---|---|---|
| Blumen | Geburtstagstorte | Kerzen |
| Geburtstag | Geschenk | Überraschung |

## VERBEN

**A. Complete** the following sentences with the verbs in parentheses using the present and perfect as indicated. You will be using verbs with inseparable prefixes.

1. Bitte _________ unser Geheimnis nicht. *(verraten/present)*
2. Er hat es nicht _________. *(verraten/perfect)*
3. _________ die Geschenke gut! *(verstecken/present)*
4. Ich habe sie schon _________. *(verstecken/perfect)*
5. Wenn man auf eine Überraschung wartet, _________ die Zeit zu langsam. *(vergehen/present)*
6. Die Zeit ist heute schnell _________ *(vergehen/perfect)*

**B. Complete** the following sentences with the verbs in parentheses using the present and perfect as indicated. You will be using irregular verbs that also have a vowel change in the present.

1. Hoffentlich _________ die Torte nicht. *(verderben/present)*
2. Ich _________ die Überraschung bestimmt nicht. *(verderben/present)*
3. Ist die Milch _________? *(verderben/perfect)*
4. Ich _________ es dir! *(versprechen/present)*
5. David _________ viel und hält wenig. *(versprechen/present)*
6. Wir haben es ihr _________. *(versprechen/perfect)*

## STRUKTUREN

**A. Change** the following sentences using the modal auxiliary in parentheses.

EXAMPLE: *Ich gehe in die Stadt. (müssen)*
*Ich muß in die Stadt gehen.*

1. Du singst im Chor. *(können)*
2. Er fährt nach Prag. *(dürfen)*
3. Ihr lernt jetzt. *(sollen)*
4. Kommst du mit? *(wollen)*
5. Ihr seht diese Aussicht! *(müssen)*
6. Ich esse das nicht. *(mögen)*

**B. Combine** these sentences and expressions by changing the sentences in parentheses into dependent clauses.

EXAMPLE: *Sie denkt, daß ________. (Er verdient es.)*
*Sie denkt, daß er es verdient.*

1. Sie verspricht, daß ________. *(Sie kommt bald nach Hause.)*
2. Er sagt, daß ________. *(Er freut sich.)*
3. Schade, daß ________. *(Wir können deinen Geburtstag nicht feiern.)*
4. Wir sind glücklich, daß ________. *(Wir sind in diesem schönen Haus.)*
5. Sie haben kein Geld mehr, nachdem ________. *(Sie haben die neuen Möbel gekauft.)*
6. Wir backen einen Geburtstagskuchen, weil ________. *(Papa hat morgen Geburtstag.)*

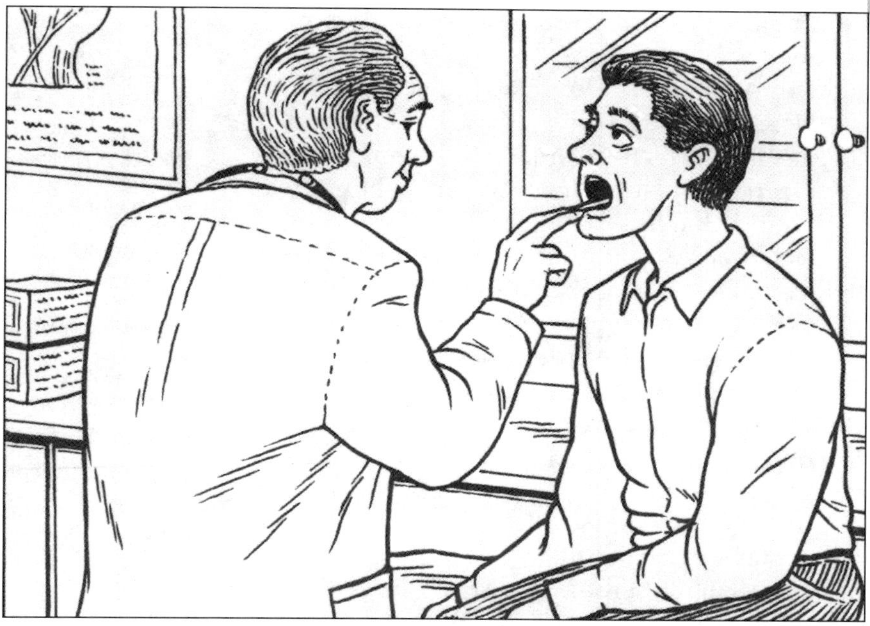

# 5.
# Ein Scharlatan

VOR DEM LESEN: ***Wie ist deine Ärztin oder dein Arzt? Hast du Zutrauen zu ihr oder ihm? Warum?***

Dr. Berhard hat nur wenige Patienten. Eines Tages sagt die Sprechstundenhilfe° zu ihm:

„Herr Doktor, es ist ein Patient im Wartesaal!"°

„Geben Sie ihm die Nummer Sechs und rufen Sie ihn in einer halben Stunde herein," sagt der Arzt. „Dann wird er glauben, daß ich sehr viele Patienten habe."

**Sprechstundenhilfe** office assistant

**Wartesaal** waiting room

Endlich bekommt der Patient den Arzt zu sehen.

Der Arzt sagt zu ihm: „Was fehlt Ihnen?"

Der Patient antwortet: „Ich habe immer Kopfweh,° und ich kann kein Sonnenlicht vertragen. Ich glaube, daß ich gar nicht gut beisammen bin."°

Der Arzt sagt: „Bitte stecken Sie die Zunge heraus."° Der Patient macht den Mund auf.

Der Arzt untersucht° die Zunge und sagt: „Mein Herr, ich werde Ihnen keine Medizin geben. Ich glaube, daß Sie sich zu wenig Bewegung machen.° Ich rate Ihnen, täglich lange Spaziergänge zu machen, anstatt nachmittags zu schlafen."

„Ich kann nicht, Herr Doktor. Ich kann kein Sonnenlicht vertragen."

„Also gut, gehen Sie am Abend spazieren."

„Aber ich gehe sowieso° schon viel zu Fuß."

„Sehr gut, aber Sie müssen noch mehr laufen."

„Aber Herr Doktor, meine Arbeit . . ."

„Wenn Ihnen Ihre Arbeit nicht erlaubt,° mehr zu laufen, dann müssen Sie Ihre Stellung wechseln."°

„Aber Herr Doktor . . ."

„Wenn Sie es besser wissen, warum kommen Sie denn zu mir? Übrigens, was sind Sie von Beruf?° Sind Sie Ingenieur, Rechtsanwalt, Kaufmann, Lehrer, Arbeiter?"

„Nein, Herr Doktor, ich bin Nachtwächter im Staatsmuseum, und ich mache jede Nacht dreimal einen Rundgang° durch das ganze Museum."

„Also bitte stecken Sie nochmal die Zunge heraus!—Ah, jetzt sieht sie schon viel besser aus!"

**Kopfweh** headache
**nicht gut beisammen bin** am not well
**stecken Sie die Zunge heraus** stick out your tongue
**untersucht** examines
**sich zu wenig Bewegung machen** exercise too little
**sowieso** as it is
**nicht erlaubt** doesn't allow
**Stellung wechseln** to change jobs
**Beruf** profession, occupation
**Rundgang** rounds

## ZUM VERSTÄNDNIS

**A.** Ergänze die folgenden Sätze mit dem passenden Wort in Klammern.

1. Der Scharlatan in dieser Geschichte ist ein Arzt, der die Patienten (untersucht, betrügt, behandelt, gesund macht).
2. Der Patient wartet (eine halbe Stunde, zehn Minuten, den ganzen Nachmittag, eine Stunde) im Wartezimmer.
3. Der Patient hat (Zahnweh, Angst, Kopfweh, Fieber).
4. Er verträgt (kein Licht, kein Medizin, keinen Lärm, keine Arbeit).
5. Der Arzt untersucht (seinen Hals, seine Zunge, seinen Mund, seine Augen).
6. Der Arzt ist der Meinung, daß der Patient (am Abend, in der Nacht, am Morgen, am Nachmittag) zuviel ruht.
7. Der Patient läuft viel in der Nacht, weil er (Künstler, Kaufmann, Nachtwächter, Lehrer) ist.
8. Der Scharlatan ist (ehrlich, unehrlich, kompetent, krank).

**B.** Beantworte die folgenden Fragen in ganzen Sätzen.

1. Wieviele Patienten hat Doktor Berhard?
2. Welche Nummer gibt die Sprechstundenhilfe dem Patienten?
3. Was denkt der Patient, als er diese Nummer bekommt?
4. Wie geht es dem Patienten?
5. Welchen Rat gibt ihm der Arzt?
6. Ist der Patient gern in der Sonne?
7. Welchen Beruf hat der Patient?
8. Was sagt der Arzt zu ihm am Schluß?

**C.** Und du?

1. Hat dein Arzt viele Patienten?
2. Wie lange mußt du im Wartezimmer warten, wenn du zum Arzt gehst?
3. Wann warst du das letzte Mal beim Arzt?
4. Geht es dir heute gut, oder fühlst du dich krank?
5. Gehst du gern spazieren?
6. Was verträgst du nicht?
7. Welchen Beruf hat deine Mutter? Dein Vater?
8. Welchen Beruf möchtest du gern haben?

## WÖRTER UND AUSDRÜCKE

**A. Cognates:** List six words from the story that are closely related to their English equivalents. If the word is a noun, also list its definite article.

**B. Complete** the following sentences using the words given below.

1. Wenn du nicht _________ bist, gehst du zum Arzt.
2. Erst mußt du im _________ einige Zeit warten.
3. Dann ruft dich die _________ ins Unterzuchungszimmer?
4. Der Arzt kommt herein und _________ dich.
5. Er fragt dich: _________?
6. Oft sagt er auch: _________!

| | |
|---|---|
| gut beisammen | untersucht |
| Sprechstundenhilfe | Wartesaal |
| steck die Zunge heraus | was fehlt dir |

## VERBEN

**A. Complete** the following sentences using the verbs in parentheses. You will be using verbs with the vowel change: *e* to *i*.

1. Heute _________ es kein frisches Brot. *(geben)*
2. _________ du mir bitte etwas Geld? *(geben)*
3. _________ mir einen Kuß. *(geben)*
4. _________ du oft krank? *(werden)*
5. Das Kind _________ abends müde. *(werden)*
6. Er _________ zehn Fremdsprachen. *(sprechen)*
7. _________ du sehr leise? *(sprechen)*
8. Marta _________ nicht laut. *(sprechen)*

**B. Complete** the following sentences with the verbs in parentheses. You will be using verbs with the vowel change: *a* to *ä*.

1. Der Patient _________ kein Sonnenlicht. *(vertragen)*
2. _________ du diese Medizin? *(vertragen)*
3. Du _________ im Unterricht? *(schlafen)*
4. Er kann nicht ans Telefon kommen, er _________ schon. *(schlafen)*
5. Der Mann _________ jede Nacht fünf Stunden. *(laufen)*
6. Sie hat kein Auto, sie _________ zu Fuß. *(laufen)*

**C. Complete** the following sentences with the verb *sein*.

1. Schnapsi _________ heute nicht gut beisammen.
2. Ich _________ sehr gut beisammen!
3. _________ du jetzt wieder gut beisammen?
4. Ihr seht müde aus. _________ ihr nicht gut beisammen?
5. Wir _________ immer gut beisammen.
6. Ich höre, Sie waren krank. _________ Sie jetzt wieder gut beisammen?

## STRUKTUREN

**Change** the following sentences using the expression in parentheses.

EXAMPLE: *In der Nacht schlafen die meisten Menschen. (nachts)*
*Nachts schlafen die meisten Menschen.*

1. _________ geht er noch spazieren. *(am Abend)*
2. Sie steht _________ sehr früh auf. *(am Morgen)*
3. Die Leute essen oft _________ ihre Hauptmahlzeit. *(am Mittag)*
4. Trinken Sie _________ Tee oder Kaffee? *(am Nachmittag)*
5. Ich gehe lieber _________ einkaufen. *(am Vormittag)*
6. _________ waschen die Deutschen ihre Autos. *(am Samstag)*
7. _________ gibt es hier nichts. *(am Mittwoch)*

# 6.

# Ein schrecklicher Bub°

**Bub** boy **(in Austria)**

VOR DEM LESEN: ***Kennst du Menschen, die schwer zu ertragen° sind? Fällt es dir leicht,° mit ihnen auszukommen?°***

**ertragen** tolerate, stand
**es fällt mir leicht** it is easy for me
**auszukommen mit** get along with

Der Hund heult, weil Tommy das arme Tier am Schwanz° zieht. „Tommy," ruft die Mutter. „Du sollst den Hund nicht quälen!° Zieh ihn nicht am Schwanz!"

„Der Hund macht sehr viel Lärm,° aber ich ziehe ihn nicht am Schwanz," antwortet der schlimme Bub. „Ich halte ihn nur beim Schwanz—es ist der Hund, der zieht!"

Tommys Familie wohnt in der Nähe von Wien, ganz nahe an der Donau.° Im Frühjahr,

**Schwanz** tail
**quälen** torment
**Lärm** noise
**Donau** Danube

wenn in den Bergen der Schnee schmilzt,° gibt es dort oft Hochwasser.° Darum haben Tommys Eltern beschlossen,° ihn zu den Großeltern zu schicken. Sie wohnen nicht weit von Berlin. So können die Eltern Tommy in Wien in ein Flugzeug setzen, und die Großeltern holen ihn in Berlin am Flugplatz Tempelhof ab.

Während des Flugs benimmt° sich Tommy so ungezogen° wie immer. Die Passagiere haben keine Ruhe, und können nicht schlafen. Der Bub läuft im ganzen Flugzeug hin und her und schreit wie am Spieß.° Die Stewardeß ist jung und sehr höflich, aber schließlich wird auch sie ärgerlich.° Alle im Flugzeug ärgern° sich über ihn.

Sie sagt zu ihm: „Du mußt jetzt brav sein, oder du mußt auf deinem Sitzplatz bleiben!" Aber das Kind hört nicht auf, herumzurennen und zu schreien.

Als sie in Berlin landen, sind die Fluggäste und die Stewardeß froh, daß sie Tommy nie wieder sehen müssen.

Die Großeltern freuen sich sehr, ihren Enkel wiederzusehen. Aber zwei Tage später erhalten Tommys Eltern ein Telegramm von den Großeltern, in dem steht: „Wir schicken Euch Tommy zurück. Schickt uns die Donau."

**schmilzt** melts
**Hochwasser** floods
**beschlossen** decided
**sich benehmen** behave
**ungezogen** naughty
**schreit wie am Spieß** screams at the top of his lungs
**ärgerlich** annoyed
**ärgern sich** are annoyed

## ZUM VERSTÄNDNIS

**A.** Wähle den Ausdruck, der jeden Satz am besten ergänzt.

**1.** Der Hund heult, weil
- **a.** Tommy zu seinen Großeltern fährt.
- **b.** der Bub ihn beim Schwanz zieht.
- **c.** die Mutter Lärm macht.
- **d.** der Kleine schreit.

**2.** Tommys Eltern wohnen in
- **a.** der nähe von Wien.
- **b.** Berlin.
- **c.** den Alpen.
- **d.** England.

3. Die Passagiere ärgern sich, weil Tommy
   a. ruhig ist.
   b. sagt, daß alle verrückt sind.
   c. auf seinem Sitzplatz bleibt.
   d. so viel Lärm macht.

4. Die Stewardeß findet Tommy ist
   a. brav.
   b. ungezogen.
   c. ungeduldig.
   d. höflich.

5. Die Großeltern schicken ein Telegramm, weil sie
   a. lieber Hochwasser als Tommy hätten.
   b. froh sind, daß Tommy da ist.
   c. so dankbar sind.
   d. sich über die Stewardeß ärgern.

**B.** Beantworte die folgenden Fragen in ganzen Sätzen.

1. Wo wohnt Tommy?
2. Was macht er mit dem Hund?
3. Wie heißt der Fluß, der an Wien vorbeifließt?
4. Warum schicken Tommys Eltern ihn zu den Großeltern?
5. Wo leben die Großeltern?
6. Wie reist Tommy zu den Großeltern?
7. Sind die Passagiere froh, daß Tommy mit ihnen reist?
8. Was steht in dem Telegramm, das die Großeltern nach Wien schicken?

**C.** Und du?

1. Wohnst du an einem Fluß?
2. Hast du schon einmal Hochwasser erlebt?
3. Hast du als Kind öfters deine Großeltern besucht?
4. Wo leben deine Großeltern?
5. Fliegst du gern, oder nicht? Warum?
6. Warst du als Kind eher ruhig, oder laut?
7. Was hältst du von der Redensart: Kinder soll man sehen, nicht hören?

## WÖRTER UND AUSDRÜCKE

**A. Synonyms:** Match the words and expressions that have the same meaning.

| | |
|---|---|
| **1.** ruhig | **a.** bekommen |
| **2.** reisen | **b.** Passagiere |
| **3.** Bub | **c.** laut rufen |
| **4.** erhalten | **d.** still |
| **5.** schreien | **e.** Junge |
| **6.** Fluggäste | **f.** fliegen |

**B. Antonyms:** Match the words and expressions that have the opposite meaning.

| | |
|---|---|
| **1.** schlimm | **a.** immer |
| **2.** jung | **b.** wenig |
| **3.** viel | **c.** brav |
| **4.** nahe | **d.** gefrieren |
| **5.** nie | **e.** alt |
| **6.** schmelzen | **f.** weit |

## VERBEN

**A. Complete** the following sentences with the verbs in parentheses.

| | |
|---|---|
| **1.** Um wieviel Uhr ________ er? | *(landen)* |
| **2.** Der Großvater ________ in Berlin. | *(wohnen)* |
| **3.** Warum ________ du den Hund am Schwanz? | *(ziehen)* |
| **4.** Warum ________ du so laut? | *(schreien)* |
| **5.** Wann ________ ihr Tommy? | *(schicken)* |
| **6.** Er ________ sich nicht auf seinen Platz. | *(setzen)* |

**B. Complete** the following sentences with the verbs in parentheses. You will be using verbs with vowel changes.

| | |
|---|---|
| **1.** Im Frühling ________ der Schnee. | *(schmelzen)* |
| **2.** Das Kind ________ sich nicht gut. | *(benehmen)* |
| **3.** Tommy, bitte ________ dich! | *(benehmen)* |
| **4.** Du ________ mich bald wieder. | *(sehen)* |
| **5.** ________ Jürgen heute zu Fuß? | *(laufen)* |
| **6.** Du ________ meinen Brief sicher morgen. | *(erhalten)* |
| **7.** Mama, ________ du schon? | *(schlafen)* |

## STRUKTUREN

**A. Complete** the following sentences with the appropriate reflexive pronoun.

1. Das Kind kann _________ einfach nicht benehmen.
2. Wir freuen _________ sehr über dein Kommen!
3. Freust du _________ schon auf die Reise?
4. Mensch, ärgere _________ nicht!
5. Bitte, Kinder, benehmt _________!
6. Ich ärgere _________ so wenig wie möglich.
7. Freuen Sie _________ über die schönen Rosen?

**B. Complete** the following sentences, changing the sentence in parentheses to an infinitive construction, as shown in the example.

EXAMPLE: *(Wir sehen die Sonne.) Wir freuen uns, _________.*
*Wir freuen uns, die Sonne zu sehen.*

1. (Wir schicken ihn.) Wir haben beschlossen, _________.
2. (Das Baby schreit.) Das Baby hört nicht auf, _________.
3. (Sie sprechen.) Sie fangen an, _________.
4. (Wir sehen euch.) Wir freuen uns, _________.
5. (Ich bin hier.) Ich bin froh, _________.
6. (Er ist bald dort.) Er hofft, _________.

# 7.

# Der Prahlhans°

**Prahlhans** braggart, show-off

VOR DEM LESEN: ***Glaubst du, es ist wichtig, daß man einen guten Eindruck° macht, wenn man jemanden kennenlernt? Warum?***

**Eindruck** impression

Alex ist ein junger Mann in den Zwanzigern.° Er ist auf einer Party bei Freunden in Leipzig. Er sieht eine hübsche junge Frau, die den andern beim Tanzen zusieht. Er geht zu ihr hin und sagt:

„Meine Dame, darf ich mich vorstellen! Ich bin Alex Weißmüller, und ich studiere das Ingenieurfach° an der Technischen Universität Berlin. Und ich würde gern° mit Ihnen tanzen."

**in den Zwanzigern** in his twenties

**Ingenieurfach** engineering

**ich würde gern** I would like to

Weil er so gut aussieht° und weil er so höflich ist, nimmt die junge Frau seine Aufforderung° an. Er erzählt ihr, was für ein ausgezeichneter Student er ist (eigentlich ist er ein ziemlich schlechter Student); von seinem teuren Auto (er hat nur ein altes Fahrrad); von seinen sportlichen Fähigkeiten° (er spielt gut Karten); und von all seinen schönen und reichen Freundinnen (die nur in seiner Phantasie° existieren).

Die junge Frau, die sehr klug ist, erkennt sofort, daß Alex nicht die Wahrheit° spricht, aber sie läßt sich nichts davon anmerken.°

Als die Party vorbei ist, fragt er sie: „Darf ich Sie nach Hause bringen?"

„Nein, danke," antwortet sie. „Das ist nicht nötig. Mein Chauffeur wartet auf mich."

„Darf ich Sie anrufen?"

„Natürlich!"

„Was ist Ihre Telefonnummer?"

„Sie können Sie im Telefonbuch finden. Das Telefonbuch enthält alle Telefonnummern."

„Aber wie ist Ihr Name?"

„Meinen Namen können Sie auch im Telefonbuch finden."

Und mit diesen Worten verläßt die junge Frau die Party.

**gut aussieht** is handsome, good-looking
**Aufforderung** invitation
**sportlichen Fähigkeiten** athletic abilities
**Phantasie** imagination
**Wahrheit** truth
**läßt sich nichts davon anmerken** doesn't let on

## ZUM VERSTÄNDNIS

**A.** Beantworte die folgenden Fragen in ganzen Sätzen.

1. Wer ist Alex, und wo ist er?
2. Mit wem fängt er an, zu sprechen?
3. Wie spricht er?
4. Was sagt er der jungen Frau?
5. Glaubt sie alles, was er ihr erzählt? Warum?
6. Gehen sie zusammen von der Party weg? Warum?
7. Wirt Alex sie anrufen? Warum?
8. Warum geht die junge Frau weg?

**B.** Und du?

1. Was studierst du?
2. Hast du ein Auto?
3. Hast du viele Freunde oder Freundinnen?
4. Gehst du gern zu Partys?
5. Übertreibst du je die Wahrheit, um einen guten Eindruck zu machen?

## WÖRTER UND AUSDRÜCKE

**A. Determine** which of the following word pairs are synonyms or antonyms, and mark them *S* or *A*.

1. hübsch/schön
2. reich/arm
3. schön/häßlich
4. gut aussehend/schön
5. jung/alt
6. hingehen/verlassen
7. wie heißen Sie/wie ist Ihr Name

**B. Match** the phrases on the left with those on the right to make complete sentences.

1. Die Frau läßt
2. Die reichen Freundinnen
3. Er studiert
4. Das Telefonbuch
5. Meinen Namen
6. Die Frau tanzt

**a.** können Sie auch im Telefonbuch finden.
**b.** mit dem Prahlhans.
**c.** sich nichts anmerken.
**d.** ein interessantes Fach.
**e.** enthält alle Nummern.
**f.** bestehen nur in seiner Phantasie.

## VERBEN

**A. Ask** the following questions, using the verbs in parentheses.

**1.** _________ jetzt noch Dinosaurier? *(existieren)*
**2.** _________ dieses Tier jetzt noch? *(existieren)*
**3.** Was _________ du? *(studieren)*
**4.** Warum _________ ihr es nicht? *(probieren)*
**5.** Warum _________ er es nicht? *(probieren)*
**6.** _________ du das? *(probieren)*
**7.** Warum _________ sie? *(studieren)*

**B. Answer** the preceding questions, using the same verbs.

## STRUKTUREN

**Complete** the following sentences, using the appropriate reflexive pronouns. You will be using the dative as well as accusative case.

**1.** Maria läßt _________ nichts anmerken.
**2.** Lassen Sie _________ nichts anmerken.
**3.** Ich lasse _________ bestimmt nichts anmerken.
**4.** Du läßt _________ nie etwas anmerken.
**5.** Laßt _________ nichts anmerken.
**6.** Wir ließen _________ nichts anmerken.
**7.** Wir haben _________ gleich vorgestellt.
**8.** Darf ich _________ vorstellen?
**9.** Herr Schwarz stellt _________ vor.
**10.** Du hast _________ ja nicht vorgestellt!
**11.** Dürfen wir _________ vorstellen?
**12.** Kinder, habt ihr _________ schon vorgestellt?

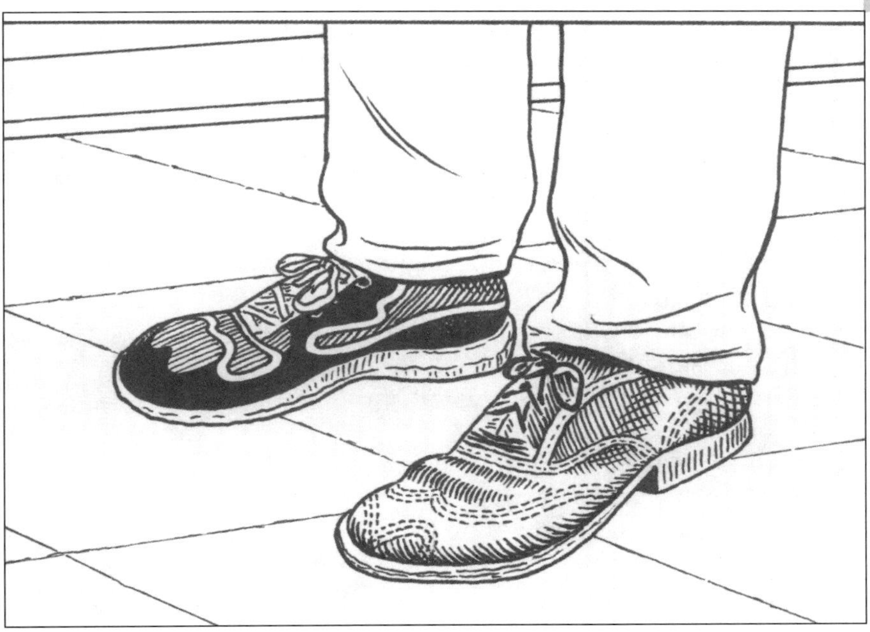

# 8.

# Der zerstreute° Herr Professor

**zerstreute** absentminded

Vor dem Lesen: ***Verwendest du viel Sorgfalt° auf deine Kleidung? Warum?***

**Sorgfalt** care

Bernhard ist ein fabelhafter° Mensch. Er ist freundlich, nett, und ein wunderbarer Lehrer. Seine Schülerinnen bewundern° ihn, denn er ist fair, hat viel Sinn für Humor, und ist in seinem Fach° ausgezeichnet. Trotz alledem° gibt es etwas, was seine Schüler an ihm nicht verstehen.

**fabelhafter** fabulous

**bewundern** admire

**Fach** field *(of knowledge)*

**trotz alledem** despite all this

Es gibt bei ihm immer ein Kleidungsstück,° das nicht zu den andern paßt. Er trägt zum Beispiel ein gelbes Hemd zu blauen Hosen und einer roten Jacke. Ein andermal werden seine Schülerinnen an Weihnachten erinnert, weil er zu einem roten Hemd einen grünen Schlips° anhat.

Eines Tages nach dem Unterricht kommt eine Schülerin namens° Claudia zu ihm und sagt, daß sie ihn etwas fragen möchte. Sie fürchtet zuerst, daß der Lehrer mit ihr böse sein wird, aber Bernhard versichert ihr, daß das nicht der Fall° sein wird.

„Du kannst mich ruhig fragen, was du wissen willst," sagt Bernhard.

Da fragt sie ihn, wieviele Paar Schuhe er besitzt.

„Also . . . das weiß ich nicht," erwidert der Lehrer.

„Haben Sie Ihre Schuhe vorige Woche zum Schuster° gebracht?" fragt Claudia weiter.

„Ich glaube nicht," sagt der Lehrer.

„Haben Sie Probleme mit den Füßen?" fragt Claudia.

„Nicht daß ich wüßte,°" erwidert er.

„In dem Fall, Herr Lehrer, möchte ich gern wissen: warum tragen Sie seit vorigem Donnerstag einen Lederschuh an dem einen Fuß, und einen Tennisschuh am anderen?"

Bernhard schaut seine Füße an, denkt einen Augenblick nach, und antwortet ruhig:

„Nun, sie sind beide schwarz, und außerdem sind sie von bester Qualität!"

**Kleidungsstück** article of clothing

**Schlips** necktie

**namens** by the name of

**Fall** case

**Schuster** shoemaker

**nicht daß ich wüßte** not that I'm aware of

## ZUM VERSTÄNDNIS

**A.** Ergänze alle numerierten Sätze mit dem passenden Ausdruck.

1. Bernhard ist
2. Die Schüler sagen
3. Der Lehrer trägt
4. Claudia kommt zu Bernhard
5. Der Lehrer hat nur ein
6. Die Schüler wollen wissen,
7. Bernhard hat Probleme
8. Die Schüler können nicht verstehen
9. Die Schuhe des Lehrers
10. Ruhig

**a.** warum der Lehrer ein rotes Hemd mit einem grünen Schlips trägt.
**b.** sind von bester Qualität.
**c.** um ihn wegen seiner Schuhe zu fragen.
**d.** mit seiner Kleidung.
**e.** daß Bernhard sein Fach gut kennt.
**f.** schaut Bernhard seine Schuhe an.
**g.** ein gelbes Hemd zu blauen Hosen.
**h.** ein Lehrer.
**i.** Lederschuh.
**j.** ob der Lehrer Probleme mit seinen Füßen hat.

**B.** Beantworte die folgenden Fragen in ganzen Sätzen.

1. Warum bewundern die Schüler Bernhard?
2. Was für ein Problem hat Bernhard mit seiner Kleidung?
3. Wer kommt zu Bernhard?
4. Was ist Bernhards Einstellung *(attitude)* zu seinen Schülern?
5. Weiß Bernhard, wieviele Paar Schuhe er hat?
6. Was für Schuhe trägt Bernhard?
7. Warum macht es Bernhard nichts aus, daß er zwei verschiedene Schuhe trägt?
8. Woran sehen wir, daß der Lehrer zerstreut ist?

**C.** Und du?

1. Glaubst du, daß du ein freundlicher Mensch bist?
2. Wie ziehst du dich für die Schule an?
3. Was für Schuhe ziehst du im allgemeinen *(generally)* vor?
4. Warum, glaubst du, werden manche Schüler nervös, wenn sie mit ihren Lehrern sprechen?
5. Welche Farben trägst du am liebsten? Warum?
6. Interessiert es dich, wie deine Lehrer sich kleiden? Warum?
7. Was ist dir wichtiger, die Qualität oder der Preis deiner Kleider? Warum?
8. Wie reagierst du, wenn du mit einer zerstreuten Person sprichst?

## WÖRTER UND AUSDRÜCKE

**A. Synonyms:** Match the words and expressions that have the same meaning.

| | |
|---|---|
| **1.** Qualität | **a.** fabulous |
| **2.** konzentriert | **b.** price |
| **3.** Tennisschuh | **c.** react |
| **4.** fabelhaft | **d.** quality |
| **5.** reagieren | **e.** concentrated |
| **6.** Preis | **f.** tennis shoe |

**B. Antonyms:** Match the words and expressions that have the opposite meaning.

| | |
|---|---|
| **1.** ruhig | **a.** mittelmäßig |
| **2.** ausgezeichnet | **b.** konzentriert |
| **3.** beste | **c.** freundlich |
| **4.** böse | **d.** nervös |
| **5.** zerstreut | **e.** schlechteste |

## VERBEN

**A. Complete** the following sentences with the verbs in parentheses.

1. Der Lehrer ________ zwei verschiedene Schuhe. *(tragen)*
2. ________ du oft Tennisschuhe? *(tragen)*
3. Was für Schuhe ________ ihr zum Wandern? *(tragen)*
4. ________ ihr uns mitspielen? *(lassen)*

5. Papa, Werner ________ mich nicht mitspielen! *(lassen)*
6. ________ du mich jetzt mitspielen? *(lassen)*
7. Ich ________ heute keinen Unterricht. *(halten)*
8. Er ________ dich für ein Genie. *(halten)*
9. Wen ________ du für den besten Lehrer? *(halten)*

**B. Complete** the following sentences, using the perfect tense of the verbs in parentheses. You will be using irregular verbs and *sein* as well as *haben*.

1. Wir ________ euch ________. *(verstehen)*
2. Das ________ wir nicht ________. *(verstehen)*
3. Ich ________ schnell müde ________. *(werden)*
4. ________ du auch müde ________? *(werden)*
5. ________ ihr heute viel ________. *(wissen)*
6. ________ du die Bücher ________? *(bringen)*

## STRUKTUREN

**Complete** the following sentences using the adjectives in parentheses.

1. Hier ist das rote Hemd; oder willst du lieber das ________? *(blau)*
2. Dort ist der neue Schlips; oder willst du lieber den ________? *(blau)*
3. Sind das die neuen Schuhe? Ich möchte lieber die ________. *(alt)*
4. Da steht die englische Lehrerin. Siehst du die ________? *(deutsch)*
5. Hier ist ein rotes Hemd; oder willst du lieber ein ________? *(blau)*
6. Dort ist ein neuer Schlips; oder willst du lieber einen ________? *(blau)*
7. Sind das neue Schuhe? Ich möchte lieber ________. *(alt)*
8. Da steht eine englische Lehrerin. Siehst du eine ________? *(deutsch)*

# 9.
# Guten Appetit°

**Guten Appetit!** *(I wish you )* a good appetite!

Vor dem Lesen: ***Findest du, es ist wichtig, die Sprache eines Landes, das man besucht, zu verstehen? Warum?***

Herr Jones fährt zum ersten Mal nach Deutschland. Er will dort einen ganzen Monat verbringen. Seine erste Urlaubswoche° verbringt er in einem Hotel in Berlin, ganz in der Nähe vom Zoologischen Garten.° Am Montag steht er früh auf, damit er in den kleinen Straßen und großen Alleen° dieser interessanten Stadt bummeln° kann. Er besucht Museen, Kirchen, Kaufhäuser,

**Urlaubswoche** vacation week
**Zoologischen Garten** zoo

**Alleen** avenues
**bummeln** stroll

und andere Gebäude. Am Nachmittag geht er in ein Café am Kudamm° und schaut den Leuten zu, die vorbeigehen. Abends geht er in die Oper. Am nächsten Tag geht er in einem Park spazieren, setzt sich da auf eine Bank, und schaut den Kindern zu, wie sie mit ihren Schiffchen im Teich° spielen. Gegen acht Uhr geht er in das Hotelrestaurant, um zu essen. Er setzt sich an einen Tisch mit einem distinguiert aussehenden Herrn. Der Herr steht auf und sagt zu Herrn Jones:

„Guten Appetit!"

Herr Jones, der kein Deutsch spricht, erwidert:

„Sam Jones!"

Beide essen schweigend,° da der Deutsche kein Englisch spricht.

Am nächsten Tag setzt sich Herr Jones wieder an denselben Tisch.

„Guten Appetit!" sagt der Deutsche.

Und Herr Jones erwidert:

„Sam Jones!"

Nach dem Abendessen trifft der Amerikaner einen Freund, der gut deutsch spricht, und erzählt ihm diese Geschichte.

Sein Freund erklärt ihm, daß „Guten Appetit" nicht der Name des Herrn ist, sondern eine höfliche Redewendung,° mit der man jemandem eine gute Mahlzeit wünscht. Herr Jones freut sich sehr, das zu hören.

Am dritten Tag setzt sich Herr Jones um zehn Minuten vor acht an den Tisch. Als er den distinguierten Herrn kommen sieht, steht Herr Jones plötzlich auf und sagt sehr freundlich:

„Guten Appetit!"

Als er diese Worte hört, antwortet der Herr mit einem strahlenden° Lächeln:°

„Sam Jones!"

**Kudamm** *(Kurfürstendamm)* a famous street in Berlin

**Teich** pond

**schweigend** silently, without speaking

**Redewendung** saying, idiom

**strahlenden** beaming

**Lächeln** smile

## ZUM VERSTÄNDNIS

**A.** Richtig oder falsch? Vor jeden Satz, schreib *R* für *richtig* und *F* für *falsch*. Korrigiere die falschen Sätze.

1. Herr Jones besucht Deutschland einmal im Monat.
2. Er bummelt gern durch die Straßen Berlins.
3. Er ruht sich vor dem Abendessen im Garten aus.
4. Der Herr am Tisch sagt, daß die Mahlzeiten im Hotel ausgezeichnet sind.
5. Herr Jones glaubt, daß der Deutsche Herr Gutenappetit heißt.
6. Ein Freund von Herrn Jones sagt ihm, daß „Guten Appetit" eine höfliche Redewendung ist.
7. Herr Jones zögert, diesen neuen Ausdruck zu gebrauchen.
8. Der deutsche Herr versteht nicht, was Herr Jones sagen will.

**B.** Beantworte die folgenden Fragen in ganzen Sätzen.

1. Ist Herr Jones aus Deutschland oder aus den Vereinigten Staaten?
2. Welche Stadt besucht er zuerst?
3. Wo wohnt er in Berlin?
4. Wo ißt er zu Abend?
5. Wer sitzt an seinem Tisch?
6. Was sagt der Deutsche zu Herrn Jones?
7. Wer spricht zwei Sprachen?
8. Was erwidert der Herr, als Herr Jones ihm „Guten Appetit" wünscht?

**C.** Und du?

1. In welcher Stadt lebst du?
2. Machst du gern im Ausland Ferien?
3. Verbringst du deinen Urlaub gern in einem Hotel, oder lieber bei Freunden?
4. Mit wem ißt du zu Mittag, wenn du in der Schule bist?
5. Ißt deine Familie gemeinsam zu Abend?
6. Wieviele Menschen sitzen um den Tisch, wenn deine ganze Familie da ist?
7. Wünscht ihr euch „Guten Appetit," bevor ihr zu Essen anfangt?
8. Was für andere deutsche Höflichkeitsformeln kennst du?

## WÖRTER UND AUSDRÜCKE

**A. Match** the phrases on the left with those on the right to make complete sentences.

1. Meine Freundin fährt
2. Sie bummelt gern
3. Dort sprechen die Leute
4. Sie setzt sich in ein
5. Der Kellner fragt sie etwas,
6. Er nimmt ihren Teller weg,

a. Café am Rheinufer.
b. aber sie war noch gar nicht fertig!
c. einen Dialekt mit deutschen und französischen Wörtern.
d. aber sie versteht ihn nicht.
e. in den Straßen von Basel.
f. zum ersten Mal in die Schweiz.

**B. Cognates:** Many English adjectives ending in *-cal* have German counterparts ending in *-isch*. Write the German for the following words. Some of the words need slight additional changes in spelling.

EXAMPLE: zoological—*zoologisch*

1. logical
2. botanical
3. geographical
4. biological
5. clinical
6. historical
7. hysterical
8. theoretical
9. practical
10. geological

## VERBEN

**Complete** the following sentences using the verbs in parentheses and the tense indicated. You will be using irregular verbs with vowel changes in the present and an identical pattern of vowel changes in the past tenses.

**A. Present**

1. Er _________ nicht gern. *(sprechen)*
2. Wovon _________ ihr? *(sprechen)*
3. _________ du deinen Mantel mit? *(nehmen)*
4. Anna _________ mich mit. *(nehmen)*
5. Wann _________ Sie Ihren Koffer nach Hause? *(nehmen)*
6. Ich _________ mich morgen mit ihm. *(treffen)*
7. Wo _________ du sie? *(treffen)*

**B. Imperfect**

1. Er _________ oft von seiner Reise. *(sprechen)*
2. Ihr _________ gestern schon davon. *(sprechen)*
3. Du _________ deinen Mantel ins Haus. *(nehmen)*
4. Hans _________ mich an den See mit. *(nehmen)*
5. _________ ihr die Kinder zum Essen mit? *(nehmen)*
6. Ich _________ ihn auf der Brücke. *(treffen)*
7. Wir _________ uns in der Stadt. *(treffen)*

**C. Perfect**

1. Meine Eltern _________ gern von ihrer Hochzeit _________. *(sprechen)*
2. _________ ihr nicht neulich davon _________? *(sprechen)*
3. Du _________ deinen Mantel ins Schlafzimmer _________. *(nehmen)*
4. Ihr _________ das gute Brot nicht _________. *(nehmen)*
5. Er _________ uns auf der Brücke _________. *(treffen)*
6. Wir _________ euch leider nirgends _________. *(treffen)*

## STRUKTUREN

**A. Change** the following sentences according to the pattern in the example. The second verb becomes a present participle and can be used as an adverb.

EXAMPLE: *Der Mann ißt; er steht dabei.*
*Er ißt stehend.*

1. Sie lächelt und strahlt dabei.
2. Die Männer essen; dabei schweigen sie.
3. Du machst diese Aufgabe (so wie du spielst).
4. Er begrüßt uns, und lächelt dabei.

**B. Change** the following sentences according to the pattern in the example. The present participle is now used as an adjective and takes the usual adjective endings

EXAMPLE: *Der Herr sieht distinguiert aus.*
*Der distinguiert aussehende Mann. . .*

1. Der Amerikaner sieht gut aus.
2. Die Kinder spielen.
3. Das Paar liebt.
4. Das Pärchen tanzt.
5. Der Engländer reist.
6. Der Holländer fliegt.
7. Das Dornröschen schläft.

**C. Change** the following adjectives to nouns, following the example. Don't forget the *umlaut*.

EXAMPLE: *nah—die Nähe*

1. früh
2. tief
3. breit
4. eng
5. kalt
6. warm
7. gut
8. kurz
9. lang

# 10.

# I vasteh'S net! (Ich verstehe Sie nicht! )

Vor dem Lesen: ***Was machst du, wenn du nicht verstehst, was dir jemand sagt?***

Ein sehr reicher Amerikaner aus Texas hat das Reisen satt.° Er hat gerade sein Geschäft verkauft. Einer seiner Freunde ladet ihn zu einem Besuch ein. Dieser Freund lebt in Österreich, in der Nähe von Salzburg. Viele Leute dort sprechen meistens im Dialekt.

**hat das Reisen satt** is tired of traveling

Der Amerikaner nimmt die Einladung an, kauft sich eine Rundflugkarte, und fliegt nach Zürich, wo er in ein Flugzeug der Tyrolia Fluglinie umsteigt° und damit nach Salzburg fliegt.

Schon vor seiner Landung freut er sich über den Anblick° dieser wunderschönen Stadt. Die mittelalterliche Festung° Hohensalzburg und die grünen Kupfertürme° der Stadt leuchten wie Juwelen.

Am nächsten Tag sieht er viele Leute, die eben aus einer Kirche kommen. Es ist eine Hochzeit.° In seinem Texas-Amerikanisch fragt er jemand, wer da geheiratet hat. Der Salzburger versteht ihn nicht. Er zuckt° die Schultern und antwortet:

„I vasteh'S net!"

Der Amerikaner denkt sich, daß der Mann Ivo Stehsnet heißt.

Gegen Mittag begegnet er einer andern Gruppe von Leuten, die auf der Straße stehen. Auf dem Pflaster° liegt ein Mann, der einen Unfall° gehabt hat. Er scheint schwer verletzt° zu sein.

„Wer ist dieser Mann?" fragt er auf Amerikanisch.

„I vasteh'S net!" bekommt er wieder zur Antwort.

Der Amerikaner wird ganz traurig und denkt: „Der arme Mann! Vor ein paar Stunden erst hat er geheiratet, und jetzt liegt er da schwer verletzt, und muß vielleicht sterben."

Am Nachmittag kommt ihm ein Leichenzug° entgegen. Er geht auf eine Dame zu und fragt sie, wer gestorben ist.

„I vasteh'S net!" antwortet auch die Dame wieder.

Der erstaunte Amerikaner ruft aus:

„Ich kann es kaum glauben! Dieser arme Herr Ivo Stehsnet! Verheiratet, verunglückt, und gestorben—alles an ein- und demselben Tag!"

**umsteigt** change planes, *(trains, buses)*

**Anblick** sight

**mittelalterliche Festung** medieval fortress

**Kupfertürme** spires with copper roofs

**Hochzeit** wedding

**zuckt** shrugs

**Pflaster** pavement

**Unfall** accident

**verletzt** injured

**Leichenzug** funeral procession

## ZUM VERSTÄNDNIS

**A.** Ergänze die numerierten Sätze für eine Zusammenfassung der Geschichte.

| | |
|---|---|
| **1.** Ein reicher Amerikaner | **a.** am selben Tag geheiratet hat und gestorben ist. |
| **2.** Er reist nach Salzburg | **b.** das Opfer eines Unfalls. |
| **3.** Am nächsten Tag sieht er | **c.** gerade geheiratet hat. |
| **4.** Als er fragt, wie der neuverheiratete Mann heißt, | **d.** wiederholt man den Namen: "Ivo Stehsnet." |
| **5.** Er glaubt, daß Herr Ivo Stehsnet | **e.** eine Hochzeit vor einer Kirche. |
| **6.** Zur Mittagszeit sieht er | **f.** daß es der Neuverheiratete ist. |
| **7.** Es macht ihn traurig, zu hören, | **g.** gibt seine Arbeit auf und fliegt nach Österreich. |
| **8.** Als er nach dem Namen des Toten fragt, | **h.** antwortet man ihm: "Ivo Stehsnet." |
| **9.** Er glaubt, daß Herr Ivo Stehsnet | **i.** mit dem Flugzeug. |

**B.** Beantworte die folgenden Fragen in ganzen Sätzen.

1. Warum verkauft der Amerikaner sein Geschäft?
2. Wie reist er nach Österreich?
3. Wo sieht er die Hochzeit?
4. Warum antwortet man ihm immer: „I vasteh'S net!"
5. Wie mißversteht der Amerikaner, was „I vasteh'S net!" bedeutet?
6. Warum wird er traurig, als er den verunglückten Mann sieht?
7. Was für eine andere traurige Begebenheit sieht er?
8. Was glaubt der Amerikaner, daß sich alles an demselben Tag ereignet hat?

**C.** Und du?

1. Bist du schon einmal nach Europa geflogen?
2. Welches Land, oder welche Länder, hast du besucht?
3. In welcher Stadt bist du gelandet?
4. Würdest du gern mit einem Schiff nach Deutschland reisen?
5. Kannst du eine Hafenstadt in Deutschland nennen?
6. Wann hast du zuletzt eine weite Reise gemacht?
7. Bist du per Auto, Eisenbahn, Autobus, oder Flugzeug gereist?
8. Wie lange hat die Reise gedauert?

## WÖRTER UND AUSDRÜCKE

**A. Match** the cognates.

| | |
|---|---|
| **1.** Juwelen | **a.** group |
| **2.** Gruppe | **b.** copper |
| **3.** Landung | **c.** shoulder |
| **4.** Kupfer | **d.** jewels |
| **5.** Schulter | **e.** landing |

**B. Write** down the German cognates for the following verbs. Include the past participles, many of which are used as adjectives.

EXAMPLE: to complicate–*komplizieren*
complicated–*kompliziert*

**1.** to concentrate
**2.** concentrated
**3.** to irritate
**4.** irritated
**5.** to capitulate

## VERBEN

**A. Answer** the following questions in complete sentences.

**1.** Wie heißt du?
**2.** In welchem Land leben Sie?
**3.** Wohin fliegst du?
**4.** Glaubst du das?
**5.** Rufst du mich an?
**6.** Gehen Sie in die Stadt?

**B. Complete** the following sentences using the imperfect of the verb in parentheses.

**1.** Meine Freunde _________ mir nicht. *(antworten)*
**2.** Mozart _________ im achtzehnten Jahrhundert. *(leben)*
**3.** Königin Elisabeth _________ im Jahr neunzehnhundertsiebenundvierzig. *(heiraten)*
**4.** Der Mond _________ ganz hell, denn es war Vollmond. *(leuchten)*
**5.** Wie _________ Beethoven mit Vornamen? *(heißen)*
**6.** Und wann _________ er? *(sterben)*

## STRUKTUREN

**A. Write** down the nationalities of the people coming from the following countries.

EXAMPLE: *Amerika*
*der Amerikaner–die Amerikanerin*

**1.** Österreich
**2.** Schweiz
**3.** Japan
**4.** England
**5.** Holland

**B. Change** the following sentences to sentences beginning with *scheint zu* + infinitive.

EXAMPLE: *Ich glaube, er ist verletzt.*
*Er scheint verletzt zu sein.*

**1.** Ich glaube, sie kommt nicht.
**2.** Ich glaube, es regnet.
**3.** Ich glaube, er ist nicht da.
**4.** Ich glaube, er schläft.
**5.** Ich glaube, Herr Bauer ist krank.
**6.** Ich glaube, das Radio ist kaputt.

# 11.
# Wie lernen die Kinder?

VOR DEM LESEN: ***Lernst du lieber allein oder zusammen mit jemand anderem?***

Erika ist gerade beim Lernen, weil sie morgen eine Prüfung hat. Ihr Vater sitzt in seinem Lehnstuhl° und liest die Zeitung.

„Papa," sagt sie schüchtern,° „kann ich dich mal was fragen? Ich möchte gern gut abschneiden° in meiner Geografieprüfung morgen."

„Ja natürlich. Was möchtest du denn wissen?" fragt sie der Vater, indem er die Zeitung niederlegt.°

„Kinschasa ist die Hauptstadt von welchem Land?"

„Vom Kongo," antwortet der Vater.

„Nein, Papa. Nenn mir noch ein Land."

**Lehnstuhl** easy chair
**schüchtern** timidly
**gut abschneiden** do well
**niederlegt** puts down

„Es tut mir leid, aber ich kann mich nicht erinnern.°"

„Papa, was ist ein Okapi?"

„Ja, das weiß ich nicht im Moment. Ich habe es auf der Zungenspitze,° aber ich kann es nicht sagen."

„Papa, und was ist ein Katanga?"

„Ein Katanga? Ich glaube, das ist ein Tier, aber ich weiß nicht, wo es lebt."

Erika ist still, denn sie ist es müde,° Fragen zu stellen, ohne richtige Antworten zu bekommen. Ihr Vater glaubt, daß sie verstimmt ist.°

„Was ist denn, mein Liebling?"

„Nichts, Papa."

„Keine Fragen mehr? Bist du fertig mit deinen Aufgaben, Liebling?"

„Ich habe noch viele Fragen, Papa, aber ich will dich nicht damit plagen.° Ich will dich nicht mit meinen Problemen beschweren,° wenn du die Zeitung liest und dich ausruhen willst."

Der Vater legt die Zeitung nieder und sagt: „Sei doch kein Dummerle!° Hab keine Bedenken,° mich etwas zu fragen. Hab Vertrauen° zu mir! Wenn du mir keine Fragen stellst, wie sollst du dann etwas lernen?"

**kann mich nicht erinnern** I can't remember

**Zungenspitze** tip of the tongue

**sie ist es müde** she is tired of

**verstimmt** annoyed, upset

**plagen** plague, bother

**beschweren** burden

**sei kein Dummerle** don't be silly

**Bedenken** qualms

**Vertrauen** confidence

## ZUM VERSTÄNDNIS

**A.** Ergänze die Sätze für eine Zusammenfassung der Geschichte.

**1.** Erika lernt für (Biologie, Deutsch, Geografie).

**2.** Sie hat (heute, morgen, nächste Woche) eine Prüfung.

**3.** Ihr Vater (arbeitet, liest, spricht) gerade.

**4.** Kinschasa ist (ein Land, ein Fluß, eine Stadt).

**5.** Ihr Vater glaubt, daß Katanga (ein Tier, eine Hauptstadt, ein Einwohner) ist.

**6.** Er gibt (falsche, richtige, intelligente) Antworten auf ihre Fragen.

**7.** Das Kind (hat Angst, hört auf, hört nicht auf), Fragen zu stellen.

**8.** Der Vater kann seiner Tochter (nicht helfen, alle Fragen beantworten, nicht vertrauen).

**B.** Beantworte die folgenden Fragen in ganzen Sätzen.

1. Wann ist die Geografieprüfung?
2. Was macht Erikas Vater?
3. Warum stellt sie ihrem Vater Fragen?
4. Ist *Kongo* der neue oder der alte Name des afrikanischen Landes?
5. Ist der Vater gut in Geografie?
6. Was hat er auf der Zungenspitze?
7. Warum stellt Erika nach einer Weile keine Fragen mehr?
8. Macht sie ihre Aufgaben fertig?
9. Was sagt sie zu ihrem Vater, als er sagt, sie soll ihm mehr Fragen stellen?
10. Kann sie sich verlassen auf die geographischen Kenntnisse ihren Vaters?

**C.** Und du?

1. Bist du nervös vor Prüfungen?
2. Schneidest du gewöhnlich gut ab bei Prüfungen?
3. Wann geht es dir schlecht bei Prüfungen?
4. Habt ihr zu Hause einen besonders bequemen Sessel? Wer sitzt meistens in diesem Sessel?
5. Wie erfährst du meistens die Nachrichten? Durch die Zeitung, das Radio, oder das Fernsehen?
6. Weißt du die neue Bezeichnung für den Kongo?
7. Was ist ein Okapi?
8. Was ist ein Katanga?
9. Wer hilft dir bei deinen Deutschaufgaben? Bei Mathematik? Bei Geografie?

## WÖRTER UND AUSDRÜCKE

**A. Antonyms:** Match the words and expressions that have the opposite meaning.

| | |
|---|---|
| **1.** intelligent | **a.** sich ausruhen |
| **2.** sich erinnern | **b.** neu |
| **3.** aufheben | **c.** wenige |
| **4.** viele | **d.** niederlegen |
| **5.** arbeiten | **e.** dumm |
| **6.** alt | **f.** vergessen |

**B. Match** the phrases on the left with those on the right to make complete sentences.

| | |
|---|---|
| **1.** Erika hat | **a.** sich nicht daran erinnern. |
| **2.** Sie ist ein bißchen | **b.** auf der Zungenspitze. |
| **3.** Wie heißt die Hauptstadt | **c.** trotzdem gut abschneidet. |
| **4.** Sie hat den Namen | **d.** am Montag eine Prüfung. |
| **5.** Aber sie kann | **e.** von der Schweiz? |
| **6.** Sie hofft, daß sie | **f.** nervös. |

## VERBEN

**Complete** the following sentences using the reflexive verbs given and the tenses indicated.

### A. Present tense

**1.** Ich _________ _________ gut an das Konzert. *(sich erinnern)*

**2.** _________ du _________ auch noch daran? *(sich erinnern)*

**3.** Wir _________ _________ gern an frühere Tage. *(sich erinnern)*

**4.** _________ _________ dein Kind an euer erstes Haus? *(sich erinnern)*

**5.** _________ ihr _________ noch an unsere Italienreise? *(sich erinnern)*

**6.** Ich hoffe, du _________ _________ jetzt aus! *(sich ausruhen)*

**7.** Ja, ich _________ _________ noch ein Stündchen aus. *(sich ausruhen)*

**8.** Ihr _________ _________ doch sicher morgen aus. *(sich ausruhen)*

**9.** Am Wochenende _________ wir _________ immer gut aus. *(sich ausruhen)*

**10.** _________ Sie _________ heute Abend aus. *(sich ausruhen)*

**11.** Und wann _________ er _________ aus? *(sich ausruhen)*

**B. Perfect tense**

1. Ich _________ _________ gut _________. *(sich ausruhen)*
2. _________ _________ deine Frau auch gut _________? *(sich ausruhen)*
3. _________ ihr _________ gestern _________? *(sich ausruhen)*
4. Er _________ _________ an nichts mehr _________. *(sich erinnern)*
5. _________ du _________ an den Namen nicht _________? *(sich erinnern)*
6. Ich _________ _________ sofort an dein Gesicht _________. *(sich erinnern)*

## STRUKTUREN

**A. Answer** the following questions starting each with *Ich weiß nicht, . . .*

EXAMPLE: *Wo lebt dieses Tier?*
*Ich weiß nicht, wo es lebt.*

1. Wo ist mein Buch?
2. Wo wohnt dieser Mann?
3. Wohin geht deine Mutter?
4. Was ist das?
5. In welchem Land liegt diese Stadt?
6. Wo entspringt der Mississippi?

**B. Answer** the following questions starting each with *Ich möchte wissen, . . .*

EXAMPLE: *Wo sind meine Autoschlüssel?*
*Ich möchte wissen, wo meine Autoschlüssel sind!*

1. Wo steht das?
2. Warum weinst du ?
3. Was macht sie?
4. Wohin fahren sie?
5. Wann kommen Sie?
6. Wer ist das?

# 12.

# Beinah um tausend Mark reicher!

VOR DEM LESEN: ***Hast du irgendwann einmal viel Geld gefunden, wo du es am wenigsten erwartet° hast?***

**erwartet** expected

Der Tag hat für Markus nicht sehr gut angefangen, und er ist in großer Eile. Sein Wecker° hat nicht geläutet, und so ist er zu spät aufgestanden. In einer Stunde hat er einen Termin° beim Zahnarzt,° und um alles noch schlimmer zu machen, hat er eine Reifenpanne.°

**Wecker** alarm clock

**Termin** appointment
**Zahnarzt** dentist
**Reifenpanne** flat tire

Da gibt es gar nichts,° er muß ein Taxi rufen.

Als er im Taxi sitzt, entdeckt° Markus, daß er nur einen Tausendmarkschein hat.

„Wie soll ich für das Taxi bezahlen? Ein Taxifahrer hat doch kein Wechselgeld° für so einen großen Geldschein!" denkt Markus.

Trotzdem versucht er, optimistisch zu sein. Er sagt sich, daß Taxifahrer sicherlich schon am frühen Morgen viele Fahrten machen.

„Aber, so oder so, ein Tausendmarkschein ist riesig," denkt Markus weiter. Er bittet den Taxifahrer, an der nächsten Bank zu halten. Markus geht in die Bank hinein, geht an einen der Schalter, und bittet die Beamtin, ihm den Geldschein zu wechseln. Sie macht das, und Markus zählt, wie gewöhnlich, das Geld nach.

„Oh," sagt er, „Sie haben einen Fehler° gemacht."

„Ich mache keine Fehler," entgegnet die Beamtin.

„Aber entschuldigen Sie° . . ."

„Mein Herr," unterbricht sie ihn, „ich habe Ihnen gesagt, daß wir hier keine Fehler machen."

Markus versucht noch einmal, ihr den Tausendmarkschein zu zeigen, und sagt zu ihr:

„Aber schauen Sie doch, Sie haben mir ja . . ."

Ärgerlich° erwidert ihm die Beamtin:

„Mein Herr, zum dritten und letzten Mal sage ich Ihnen, daß wir hier in dieser Bank keine Fehler machen! So wird man behandelt,° wenn man Leute wie Sie bedient!°"

Markus, der die schlechte Laune und die Unhöflichkeit° der Beamtin gar nicht schön findet, wendet sich zum Gehen. Aber dann dreht er sich wieder um, hält ihr seinen Tausendmarkschein unter die Nase, und sagt:

„Da Sie ja so perfekt sind und überhaupt nie einen Fehler machen, gebe ich Ihnen als Belohnung° den Tausendmarkschein zurück . . .!"

**Da gibt es gar nichts** There is no other way
**entdeckt** discovers
**Wechselgeld** change *(currency)*
**Fehler** mistake
**entschuldigen Sie** Excuse me
**Ärgerlich** Annoyed
**So wird man behandelt** That's how one is treated
**bedient** serves
**Unhöflichkeit** impoliteness
**Belohnung** reward

## ZUM VERSTÄNDNIS

**A.** Ergänze jeden Satz mit einem der Wörter oder Ausdrücke in Klammern.

1. Der Tag fängt für Markus (sehr gut, mittelmäßig, sehr schlecht) an.
2. Der Wecker hat (zu früh, zehn Minuten zu spät, überhaupt nicht) geläutet.
3. Markus' Auto (läuft, hat kein Benzin, hat eine Reifenpanne).
4. Markus denkt, er hat (sein Geld zu Hause gelassen, sein Geld verloren, nur einen ganz großen Geldschein), und kann nicht für das Taxi bezahlen.
5. Markus sagt zum Taxifahrer, (daß er kein Geld hat, daß er ihm wechseln soll, daß er an der Bank halten soll).
6. Die Beamtin (wechselt ihm den Geldschein, macht Fehler, verläßt die Bank).
7. Markus' Beharrlichkeit zeigt, daß er (ehrlich, unehrlich, lächerlich) ist.
8. Die Einstellung der Beamtin ist (verantwortungs bewußt, sehr verantwortungsbewußt, verantwortungslos).
9. Die Beamtin in unserer Geschichte ist eine (freundliche, nette, sehr unfreundliche) Person.
10. Als Markus die Bank verläßt, hat er (mehr Geld, weniger Geld, denselben Betrag) als vorher.

**B.** Beantworte die folgenden Fragen in ganzen Sätze.

1. Was für ein Transportmittel benützt Markus, als sein Auto eine Panne hat?
2. Bei wem hat Markus einen Termin?
3. Wieviel Geld hat Markus, um das Taxi zu bezahlen?
4. Worum macht sich Markus Sorgen, als er im Taxi fährt?
5. Glaubt Markus, daß Taxifahrer am frühen Morgen viele Kunden haben?
6. Wohin geht Markus, um sein Problem zu lösen?
7. Was tut Markus immer, wenn er Geld bekommt?
8. Wie fühlt sich Markus, als er die Bank verläßt?
9. Hätte Markus das extra Geld behalten sollen?

**C.** Und du?

1. Wie oft gehst du zum Zahnarzt?
2. Bist du nervös, wenn du zum Zahnarzt gehst? Warum?
3. Fährst du lieber mit dem Bus oder mit dem Taxi? Warum?
4. Was machst du, wenn dein Tag mit Transportproblemen anfängt?
5. Was machst du, wenn du auf die Bank gehst?
6. Möchtest du gern als Bankbeamtin oder Bankbeamter arbeiten? Warum?
7. Wenn du Bankbeamter wärst,* und einen Kunden wie Markus hättest,* was würdest* du dann tun?
8. Was machst du, wenn jemand an der Kasse, (oder ein Bankbeamter oder eine Bankbeamtin am Bankschalter) einen Fehler macht?

## WÖRTER UND AUSDRÜCKE

**A. Antonyms:** Match the words and expressions that have the opposite meaning.

| | |
|---|---|
| **1.** anfangen | **a.** besser |
| **2.** am wenigsten | **b.** zum letzten Mal |
| **3.** gewöhnlich | **c.** früh |
| **4.** schlimmer | **d.** aufhören |
| **5.** spät | **e.** selten |
| **6.** zum ersten Mal | **f.** am meisten |

**B. Match** the phrases on the left with those on the right to make complete sentences.

| | |
|---|---|
| **1.** Der Tag hat für Markus | **a.** zum Zahnarzt! |
| **2.** Erst steht er | **b.** scheint die Sonne wieder. |
| **3.** Dann ist ein Reifen | **c.** zu spät auf. |
| **4.** Und die Bankbeamtin | **d.** nicht sehr gut angefangen. |
| **5.** Jetzt muß er auch noch | **e.** an seinem Auto kaputt. |
| **6.** Aber morgen | **f.** ist sehr unhöflich und arrogant. |

*__wärst, hättest, würdest__ are subjunctive forms, expressing *(if you)* were, had, *(then you)* would . . .

## VERBEN

**Complete** the following sentences using the verbs in parentheses.

| | | |
|---|---|---|
| **1.** | Die Frau ________ Zwiebeln. | *(schneiden)* |
| **2.** | Wieviele Scheiben Brot ________ du? | *(schneiden)* |
| **3.** | Bitte, Kinder, ________ nicht so viel Brot! | *(schneiden)* |
| **4.** | ________ du jetzt das Baby? | *(baden)* |
| **5.** | Nein, Vater ________ es später. | *(baden)* |
| **6.** | Meine Schwester ________ den Wagen um. | *(wenden)* |
| **7.** | An wen ________ du dich mit deinem Problem? | *(wenden)* |
| **8.** | Ich ________ alle Leute höflich. | *(behandeln)* |
| **9.** | Ich ________ den Tausendmarkschein für dich. | *(wechseln)* |

## STRUKTUREN

**A. Change** the following sentences starting them with *ich versuche, er versucht,* etc.

EXAMPLE: *Ich bin immer optimistisch.*
*Ich versuche, immer optimistisch zu sein.*

1. Ich bin immer höflich.
2. Sie sprechen deutsch.
3. Sie startet das Auto.
4. Er erklärt es.
5. Ich bin geduldig.
6. Wir rufen ein Taxi.
7. Er zeigt der Beamtin den Tausenmarkschein.

**B. Complete** the following passage using the words given below.

Ich **(1)** ________ an einer deutschen Universität. Ich gehe in die Bibliothek. Ich möchte mir **(2)** ________ ausleihen. Die Frau am Schalter will meinen Ausweis **(3)** ________. Alle Deutschen haben einen Identitäts-Ausweis. Ich sage „Ich habe keinen Ausweis, ich habe **(4)** ________." Aber sie will meinen Paß nicht, sie **(5)** ________ nichts als meinen Ausweis. Ich sage ihr noch einmal: „Aber ich habe keinen **(6)** ________." Sie wird unhöflich und sagt **(7)** ________ „Einen Ausweis müssen Sie doch haben!" Da halte ich ihr meinen amerikanischen Paß **(8)** ________. —Sie gibt mir meine Bibliothekskarte.

| | | | |
|---|---|---|---|
| Ausweis | einen Paß | sehen | unter die Nase |
| Bücher | sehr laut | studiere | will |

# 13.

# Die Apotheke°

**Apotheke** pharmacy

VOR DEM LESEN: ***Gehst du und deine Familie immer in dieselbe Apotheke? Kennst du den Apotheker gut?***

Herr Lindemann arbeitet in einer Apotheke. Er wohnt in einem kleinen Dorf° nicht weit von der deutsch-französischen Grenze.° Er ist ein wichtiger Mann im Dorf. Die Dorfbewohner wenden° sich an ihn, wenn sie Probleme haben. Er ist für sie mehr als nur Apotheker; er ist für sie auch Arzt, Rechtsanwalt, und Freund.

**Dorf** village

**Grenze** border

**wenden sich** turn to

Der kleine Georg, ein Kind von acht Jahren, kommt in die Apotheke gerannt° und bittet ihn um ein Mittel° gegen Bauchweh.° Der Apotheker, ohne das Kind weiter zu untersuchen, gibt ihm ein Glas mit einer gelben Flüssigkeit° zu trinken.

„Trink das schnell, Georg. Trink es ganz aus."

„Aber Herr Lindemann . . .," sagt das Kind, und will etwas erklären.

„Ich habe jetzt keine Zeit zum Reden. Trink es nur. Wenn du mir etwas sagen mußt, sag es mir hinterher. Ich warte."

Mit einer unglücklichen° Miene° fängt das Kind langsam zu trinken an. Traurig schaut es Herrn Lindemann an, der dasteht und ihm zuruft:

„Also, trink es doch schnell aus!"

Als keine Medizin mehr im Glas ist, sagt Herr Lindemann zu Georg:

„Sehr gut, mein Kleiner. Jetzt darfst du reden. Was wolltest du mir sagen?"

„Herr Lindemann," sagt das Kind. „Sie irren sich°! Ich bin es ja gar nicht, der Bauchweh hat. Mein kleiner Bruder ist es, der krank ist."

**kommt gerannt** comes running
**Mittel** remedy
**Bauchweh** stomach ache
**Flüssigkeit** liquid

**unglücklichen** unhappy
**Miene** expression

**Sie irren sich** you are mistaken

## ZUM VERSTÄNDNIS

**A.** Wähle den passenden Ausdruck, um den Satz zu ergänzen.

**1.** In einer Apotheke werden ________ verkauft.
- **a.** Gläser
- **b.** Medikamente
- **c.** Getränke
- **d.** Gemüse

**2.** Georg
- **a.** hat Bauchweh.
- **b.** möchte etwas zu trinken.
- **c.** mag die gelbe Flüssigkeit gern.
- **d.** kommt um ein Medikament gegen Bauchweh.

3. Herr Lindemann
   **a.** untersucht Georgs Bauch.
   **b.** spricht mit Georg über die Medizin.
   **c.** trinkt ein Mittel gegen Bauchweh.
   **d.** gibt Georg etwas gegen Bauchweh.

4. Der Apotheker besteht darauf, daß Georg das Glas austrinkt, weil
   **a.** er das Glas braucht.
   **b.** er weiß, daß der Kleine Durst hat.
   **c.** das Kind zögert, die Flüssigkeit zu trinken.
   **d.** er ihm etwas sagen muß.

5. Georg macht eine traurige Miene, weil er
   **a.** Medizin für seinen Bruder braucht.
   **b.** arges Bauchweh hat.
   **c.** noch mehr von der Flüssigkeit trinken möchte.
   **d.** den Apotheker täuschen will.

**B.** Beantworte die folgenden Fragen in ganzen Sätzen.

1. Wo liegt das Dorf, in dem Herr Lindemann wohnt?
2. Wer ist Herr Lindemann?
3. Was ist eine Apotheke?
4. Was will Georg vom Apotheker haben?
5. Was gibt Herr Lindemann Georg zu trinken?
6. Warum sagt er ihm, er soll es schnell trinken und dann erst reden?
7. Zögert Georg, das Glas auszutrinken, weil die Flüssigkeit so schlecht schmeckt?
8. Was sagt Georg dem Apotheker, als er endlich reden darf?

**C.** Und du?

1. In welche Apotheke gehst du, wenn du ein Medikament brauchst?
2. Was kann man in einer amerikanischen Apotheke noch außer Medizin alles kaufen?
3. Warst du schon einmal in einer deutschen Apotheke?

4. Fragst du den Apotheker um Rat und Information, wenn du ein Medikament brauchst?
5. Möchtest du Apotheker werden? Warum?
6. Warum, glaubst du, läßt der Apotheker den kleinen Georg nicht zu Wort kommen?

## WÖRTER UND AUSDRÜCKE

**A. Cognates:** Match the words and expressions that have the same meaning.

| | |
|---|---|
| **1.** irren | **a.** demeanor |
| **2.** trinken | **b.** apothecary |
| **3.** Miene | **c.** medicine |
| **4.** Medizin | **d.** err |
| **5.** Apotheke | **e.** drink |

**B. Match** the phrases on the left with those on the right to make complete sentences.

| | |
|---|---|
| **1.** Georg wohnt | **a.** ist Apotheker in Colmar. |
| **2.** Sein Onkel Peter | **b.** seinen Onkel. |
| **3.** Er gibt | **c.** über die französische Grenze nach Colmar. |
| **4.** Heute besucht Georg | **d.** in einem Dorf. |
| **5.** Mit dem Bus fährt er | **e.** den Leuten Medizin. |

## VERBEN

**A. Complete** the following sentences using the correct forms of the verbs given below.

1. Der Wecker ist kaputt, er _________ nicht.
2. Ich habe dich etwas gefragt; _________ du mir nicht?
3. Sie kann nicht mitkommen; sie _________ ihren Freund.
4. Der arme Mann _________ uns um Brot!
5. Wie lange _________ du schon an deiner Dissertation?

| | | | | |
|---|---|---|---|---|
| antworten | arbeiten | bitten | erwarten | läuten |

**B. Complete** the following sentences using the correct forms of the verbs given below.

1. Georg _________ sich an den freundlichen Apotheker.
2. Warum _________ du nicht mit deiner netten Lehrerin?
3. Der See ist sehr kalt; trotzdem _________ er gern darin.
4. Ich glaube, der Film _________ bald.
5. Er _________ gern Butter zum Kochen.

| | | | | |
|---|---|---|---|---|
| baden | enden | reden | verwenden | wenden |

## STRUKTUREN

**A. Complete** the following sentences using the words in parentheses.

1. Kennst du diesen _________? *(Mensch)*
2. Ich will diesem _________ etwas sagen. *(Mensch)*
3. Alle _________ müssen sterben. *(Mensch)*
4. Die _________ singen lustige Lieder. *(Student)*
5. Gibst du dem _________ ein paar Bücher? *(Student)*
6. Hast du deinen früheren _________ erkannt? *(Student)*

**B. Complete** the following sentences using the words in parentheses.

1. Das ist ein _________ Mensch. *(glücklich)*
2. Kennst du einen _________ _________? *(glücklich, Mensch)*
3. Ist das dein _________ Student? *(best-)*
4. Ich habe den _________ _________ in meiner Klasse. *(best-, Student)*
5. Gib dem _________ _________ etwas zu essen! *(arm, Mensch)*
6. Gib dem _________ _________ auch etwas zu essen. *(fleißig, Student)*

# 14.

# Wozu sind Diebe gut?° (Erster Teil)

**Wozu sind Diebe gut?** What good are thieves?

VOR DEM LESEN: *Hast du lieber Stille oder Lärm?°*

**Lärm** noise

Herr Müller ist Inhaber° eines Geschäfts für Musikinstrumente. Sein Tage im Geschäft sind oft beschwerlich° für ihn, denn er kann die moderne Musik kaum aushalten, die er sich täglich anhören muß. Wenn er abends heimkommmt, hätte er gerne Stille im Haus. Aber das ist rein unmöglich: seine Tochter telefoniert mit ihren FreundInnen. Sein Sohn spielt Trommel, Schlagzeug,° und elektrische Gitarre. Frau Müller spielt Klavier.° Und der Hund bellt zur Begleitung° auch noch dazu.

**Inhaber** owner

**beschwerlich** difficult

**Schlagzeug** percussion

**Klavier** piano

**zur Begleitung** as accompaniment

Endlich ist es Zeit, schlafen zu gehen. Der erschöpfte° Herr Müller schläft auch sofort ein. Um zwei Uhr nachts weckt ihn seine Frau.

„Franz, steh auf! Es sind Diebe im Haus!"

„Ach nein, Resi. Wie willst du denn das wissen?" fragt er.

„Verlier doch keine Zeit° mit Fragen! Ich sage dir, es sind Diebe im Haus. Sie könnten uns umbringen,° während du mich mit deinen lächerlichen Fragen plagst. Hast du vielleicht Angst, und willst deshalb deine Familie nicht beschützen?°"

„Aber wie weißt du denn, daß wir Diebe im Haus haben?"

„Ich kann sie doch hören!" antwortet sie wütend.°

„Ach, sei doch nicht so blöd,° Resi! Diebe machen keinen Lärm!"

Ein paar Minuten später weckt sie ihren Mann wieder auf.

„Franz, so steh doch auf! Ich bin sicher, daß Diebe im Haus sind."

„Ich habe dir doch schon gesagt, daß Diebe keinen Lärm machen."

„Das ist es ja, warum ich jetzt sicher bin, daß welche im Haus sind: ich kann nämlich überhaupt nichts hören!"

**erschöpfte** exhausted

**verlier doch keine Zeit** don't lose any time

**umbringen** kill

**beschützen** protect

**wütend** enraged

**blöd** stupid, silly

## ZUM VERSTÄNDNIS

**A.** Wähle den passenden Ausdruck, um den Satz zu ergänzen.

**1.** Herr Müller
- **a.** hört gern moderne Musik.
- **b.** ruht sich gern in einem stillen Haus aus.
- **c.** hört gern Trommeln.
- **d.** spielt elektrische Gitarre.

**2.** In seinem Haus ist es nicht still, weil
- **a.** sein Sohn Klavier spielt.
- **b.** seine Tochter singt.
- **c.** seine Frau Klavier spielt und der Hund auch noch dazu bellt.
- **d.** dauernd das Telefon läutet.

3. Während der Nacht
   a. wacht Herr Müller auf.
   b. wird Herr Müller von seiner Frau geweckt.
   c. hört Herr Müller Diebe.
   d. hört Herr Müller immer noch Musik.

4. Frau Müller hat Angst
   a. vor den Dieben.
   b. daß die Diebe ihr Klavier stehlen.
   c. vor blöden Fragen.
   d. vor dem Hund.

5. Am Ende glaubt sie, daß Diebe im Haus sind, weil
   a. ihr Mann Angst hat.
   b. jemand Klavier spielt.
   c. sie Lärm machen.
   d. sie keinen Lärm machen.

**B.** Beantworte die folgenden Fragen in ganzen Sätzen.

1. Was für ein Geschäft besitzt Herr Müller?
2. Warum kommt er erschöpft nach Hause und will nichts als Stille?
3. Kann er sich abends gut erholen vom Lärm des Tages? Warum?
4. Wann weckt ihn seine Frau auf?
5. Warum weckt sie ihn auf?
6. Ist sie lieb und freundlich mit ihm? Warum?
7. Steht er sofort auf? Warum?
8. Warum weckt ihn seine Frau ein zweites Mal auf?

**C.** Und du?

1. Bist du abends erschöpft von deinem Schultag? Warum?
2. Sind deine Eltern erschöpft nach der Arbeit?
3. Wie erholt sich deine Familie abends?
4. Spielst du ein Instrument? Welches?
5. Spielt jemand in deiner Familie ein Instrument? Welches?
6. Wie fühlst du dich, wenn du nachts allein im Haus bist?
7. Hast du schon einmal einen Dieb im Haus gehabt?
8. Hast du einen Hund? Was für einen?

## WÖRTER UND AUSDRÜCKE

**A. Antonyms:** Match the words and expressions that have the opposite meaning.

| | |
|---|---|
| **1.** Stille | **a.** gescheit |
| **2.** beschwerlich | **b.** ausgeruht |
| **3.** erschöpft | **c.** aufstehen |
| **4.** schlafen gehen | **d.** aufwecken |
| **5.** schlafen lassen | **e.** nachts |
| **6.** blöd | **f.** leicht |
| **7.** am Tag | **g.** Lärm |

**B. Complete** the following sentences using the words given below.

1. Arbeitstage können oft ________ sein.
2. Wenn mich jemand nachts aufweckt, bin ich ________.
3. Er liebt nur Barockmusik; alle andere Musik ist ihm zu ________.
4. Manchmal will ich mein Haus ganz ________ haben, ohne Musik oder Fernsehen.
5. Wenn jemand etwas Dummes macht, sagt mein Bruder: „Bist du aber ________!"
6. Resi sagt zu ihrem Mann, es sind Diebe im Haus; er aber meint, das ist ________.

| | | |
|---|---|---|
| beschwerlich | laut | unmöglich |
| blöd | still | wütend |

## VERBEN

**A. Express** the following sentences in the perfect tense. You will be using verbs with separable prefixes.

EXAMPLE: *Ich halte es kaum aus.*
*Ich habe es kaum ausgehalten.*

1. Sie kommt erst um zehn Uhr heim.
2. Ich höre mir täglich Musik an.
3. Er weckt mich um sechs Uhr auf.
4. Wann stehst du auf?
5. Wann schlafen die Kinder ein?
6. Der Hund bringt mich fast um vor Liebe!

**B. Express** the following sentences in the perfect tense. You will be using verbs with inseparable prefixes.

EXAMPLE: *Ich behalte das Geschenk.*
*Ich habe das Geschenk behalten.*

1. Ich vergesse diesen Tag nie!
2. Sie begleitet mich.
3. Wir begleiten euch gern.
4. Natürlich beschützt der Mann seine Familie.
5. Du verlierst dein Halstuch.
6. Bekommen die Leute Blumen?

## STRUKTUREN

**Complete** the following sentences using the adjectives in parentheses. Remember that modifying adjectives require endings.

1. Wir machten eine ________ Reise. *(beschwerlich)*
2. Ein ________ Haus gefällt ihr besser. *(modern)*
3. Er liebt die ________ Abende zu Hause. *(still)*
4. Das ist ein ganz ________ Junge! *(erschöpft)*
5. Da kamen ________ Hunde gerannt. *(wütend)*
6. Das sind ________ Reden! *(blöd)*
7. Gefällt euch das ________ Theaterstück? *(lächerlich)*
8. Die ________ Arbeit gefällt ihm. *(täglich)*
9. Das ist ________ Kaffee! *(ausgezeichnet)*
10. ________ Wetter heute, nicht wahr? *(schön)*
11. Da kommt der ________ junge Mann. *(unmöglich)*
12. Das ________ Mädchen ist meine Schülerin. *(intelligent)*

# 15.

# Wozu sind Diebe gut? (Zweiter Teil)

VOR DEM LESEN: *Glaubst du an das Sprichwort° „Alles hat seine guten Seiten"?*

**Sprichwort** proverb
**alles hat seine guten Seiten** every cloud has a silver lining

Herr Müller will weder die Logik seiner Frau kritisieren, noch aus dem warmen Bett kriechen.° Er möchte ganz einfach schlafen. Aber seine Frau läßt ihn nicht schlafen. Schließlich steht er auf, schlüpft° in die Hausschuhe, und schleicht sich° die Treppe hinunter und in die Küche. Dort nimmt er die große eiserne Pfanne vom Herd und geht ganz vorsichtig zur Wohnzimmertür vor. Die Tür steht offen, und er erblickt zwei Diebe. Sie sind

**kriechen** crawl
**schlüpft** slips
**schleicht sich** sneaks

dabei, die Musikinstrumente seines Sohnes in große Säcke zu stecken. Der grimmige° Hund, der tagsüber andauernd bellt, liegt mittlerweile° auf dem Sofa und schläft.

Als die Diebe den Eigentümer° bemerken,° der mit hocherhobener Eisenpfanne dasteht, bekommen sie Angst. Sie lassen die Säcke mit den Instrumenten fallen und rennen zur Haustür. Der eine stolpert° und fällt der Länge nach hin. Pluto wacht auf und springt dem Dieb auf den Rücken.

„Ach bitte, tun Sie uns nichts!" schreit er. „Wir sind anständige° Diebe!"

Der andere Dieb ist schon an der Haustür, kann sie aber in der Eile nicht gleich aufbringen.°

„Ruhe!" ruft Herr Müller. „Hört zu! Wenn ihr nicht beide ins Gefängnis° wollt, hört mir gut zu! Hier ist das Telefon—ruft eure Kameraden an! Sagt ihnen, sie sollen sofort mit einem Lastwagen° kommen und das Klavier aufladen. Und dann, bevor ihr alle abhaut,° nehmt auch noch das Telefon und den Hund mit."

Die Diebe machen, was Herr Müller ihnen sagt. Er steht dabei, wie sie alles aufladen, und hält noch immer die Eisenpfanne in der Hand. Als sie fertig sind, lassen sie den Lastwagen ganz leise den Hügel hinunterrollen, ohne den Motor zu starten.

Dann geht Herr Müller wieder ins Schlafzimmer hinauf. Er sagt zu seiner Frau: „Es waren wirklich Diebe im Haus. Ich kann leider die Polizei nicht anrufen. Die Diebe haben nämlich auch das Telefon mitgenommen . . ."

**grimmige** vicious
**mittlerweile** meanwhile
**Eigentümer** owner
**bemerken** notice
**stolpert** stumbles
**anständig** decent
**aufbringen** to get open
**Gefängnis** jail
**Lastwagen** truck
**abhaut** take off

## ZUM VERSTÄNDNIS

**A.** Wähle den passenden Ausdruck, um den Satz zu ergänzen.

**1.** Als seine Frau ihn weckt, will Herr Müller
- **a.** aufstehen.
- **b.** mit ihr reden.
- **c.** ins Wohnzimmer gehen.
- **d.** im Bett bleiben.

**2.** Er geht ins Wohnzimmer, bewaffnet mit
**a.** einer Eisenpfanne.
**b.** einem Stock.
**c.** seinem grimmigen Hund.
**d.** mit einem Besen.

**3.** Der Hund bellt nicht, weil
**a.** er Diebe gern hat.
**b.** er mit den Instrumenten im Sack steckt.
**c.** er schläft.
**d.** in der Küche ist und frißt.

**4.** Die beiden Diebe fürchten sich
**a.** vor dem Hund.
**b.** vor Herrn Müller mit der schweren Eisenpfanne.
**c.** vor ihren Kameraden.
**d.** nicht.

**5.** Um nicht ins Gefängnis zu kommen, sollen die Diebe
**a.** auf dem Klavier spielen.
**b.** alle Instrumente im Wohnzimmer lassen.
**c.** Herrn Müller einen Lastwagen schenken.
**d.** das Telefon, alle Musikinstrumente, und den Hund mitnehmen.

**B.** Beantworte die folgenden Fragen in ganzen Sätzen.
**1.** Warum kann Herr Müller nicht wieder einschlafen?
**2.** Was macht er schließlich?
**3.** Was holt er aus der Küche?
**4.** Wen sieht er, als er ins Wohnzimmer kommt?
**5.** Wie reagieren die Diebe?
**6.** Hat Herr Müller Angst vor ihnen?
**7.** Was sagt er zu ihnen?
**8.** Wie geht die Geschichte aus?

**C.** Und du?

1. Glaubst du, daß es so etwas wie anständige Diebe gibt? Warum?
2. Ist Diebstahl je gerechtfertigt *(justified)*?
3. Glaubst du, man ist auf dem Land *(in the country)* sicherer vor Dieben als in der Stadt?
4. Was für Vorsichtsmaßregeln *(precautions)* gebrauchst du, um dich vor Diebstahl *(theft)* zu schützen?
5. Gibt es Dinge in deinem Haus, die du Dieben gern geben würdest?
6. Kennst du Hunde, die so fest schlafen wie Pluto?

## WÖRTER UND AUSDRÜCKE

**A. Compound words:** Which words in the story are composed of two other words? List six of those words, along with their component words. If the word is a noun, also list its definite article.

**B. Indicate** whether these statements are true or false. Write *R* for *richtig* and *F* for *falsch*. If the statement is false, correct it.

1. Herr Müller weckt seine Frau auf.
2. Sie läßt ihren Mann nicht schlafen.
3. Sie hören den Hund bellen.
4. Herr Müller nimmt eine Eisenpfanne in die Hand.
5. Frau Müller hat Angst vor den Dieben.
6. Die Kameraden der zwei Diebe warten draußen schon mit dem Lastwagen.
7. Herr Müller sagt den Dieben, sie sollen alles wieder auspacken.
8. Sie laden alles auf den Lastwagen.
9. Der Motor des Lastwagens macht viel Lärm.
10. Herr Müller ruft die Polizei an.
11. Am Ende der Geschichte geht Herr Müller wieder ins Schlafzimmer zurück.

## VERBEN

**A. Express** the following sentences in the imperfect. You will be using verbs with separable prefixes.

EXAMPLE: *Ich habe es kaum ausgehalten.*
*Ich hielt es kaum aus.*

1. Er hat die Wäsche hinausgehängt.
2. Sie hat die Tür aufgemacht.
3. Richard ist die Treppe hinuntergeschlichen.
4. Er ist sofort aufgestanden.
5. Der Lärm hat nicht aufgehört.
6. Das Kind ist nicht aufgewacht.

**B. Express** each of the following sentences first in the imperfect and then in the present. You will be using verbs with inseparable prefixes.

EXAMPLE: *Die Ärztin hat das kind sofort untersucht.*
*Die Ärztin untersuchte das kind sofort.*
*Die Ärztin untersucht das kind sofort.*

1. Er hat meine Frage nicht beantwortet.
2. Sie hat nichts bemerkt.
3. Das hat ihm gehört.
4. Sie hat die Rechnung bezahlt.
5. Er hat mich erwartet.

## STRUKTUREN

**A. Change** the following sentences to a *"weder . . . noch"* construction.

EXAMPLE: *Er kaufte kein Brot und keine Milch.*
*Er kaufte weder Brot noch Milch.*

1. Er hatte kein Geld und keine Fahrkarte.
2. Wir haben keine Zeit und keine Lust dazu.
3. Es gibt hier kein Licht und keine Wärme.
4. Das Kind hat keine Schuhe und keine Strümpfe an.
5. Ich habe kein Auto und kein Fahrrad gehabt.
6. Das arme Mädchen hat keinen Vater und keine Mutter.

**B. Change** the following sentences to a *"sowohl . . . als auch"* construction.

EXAMPLE: *Wir hatten Brot und (auch) Milch.*
*Wir hatten sowohl Brot als auch Milch.*

1. Er hatte Geld und auch Fahrkarten.
2. Wir hatten Zeit und Lust dazu.
3. Es gibt hier Licht und Wärme.
4. Das Kind hat Schuhe und Strümpfe an.
5. Wir hatten Autos und auch Motorräder.
6. Ich habe Gemüse und Blumen im Garten.

# 16.
# Bei der Feuerwehr°

**Feuerwehr** fire department

VOR DEM LESEN: ***Kannst du dir vorstellen, daß du bei der Feuerwehr bist? Wie würdest du dich verhalten?°***

**wie würdest du dich verhalten** how would you behave

Franz hatte schon immer davon geträumt, bei der Feuerwehr zu sein. Aber in dem kleinen Städtchen, in dem er lebte, gab es keine Feuerwehr. In diesem Städtchen passierte nie etwas; nie gab es irgend einen Notfall.° Das Leben verlief sehr friedlich. Mit großer Anstrengung überzeugte Franz seine Nachbarn

**Notfall** emergency

von der Notwendigkeit,° einen Rettungsdienst° zu gründen. Der würde° in Notfällen wie Feuer, Herzanfällen, oder Gefahr des Ertrinkens Hilfe bringen. Franz erreichte sein Ziel, und einer seiner Freunde bot° seinen Jeep als Nottransport an.

Zwei Wochen vergingen. Eines Tages, gleich nach dem Mittagessen, hörte man laute Rufe vom Marktplatz:

"Hilfe, Hilfe! Das Aignerhaus am Hügel da droben° brennt!"

Vier Freiwillige° kamen aus ihren Häusern gerannt und sprangen in den Jeep. Franz, der gerade sein Mittagsschläfchen hielt, hörte den Lärm im Schlaf, wachte auf, und schlüpfte schnell in Hemd und Schuhe. Er war noch ganz benommen° vom Schlaf. Als er aus der Haustür stolperte, war vom Jeep nichts mehr zu sehen.

"Leih mir deinen Motorroller,° Paul," rief er dem Nachbarsohn zu.

Franz stieg auf den Motorroller und fuhr schnell dem Jeep nach. Aber er konnte ihn nicht mehr einholen, denn der hatte schon die Brücke überquert.°

Nachdem das Feuer gelöscht° war, kamen alle Nachbarn auf dem Marktplatz zusammen, um über die Ereignisse zu sprechen, und um den Feuerwehrleuten zu gratulieren. Plötzlich sagte jemand:

"Franz, du hast etwas Außerordentliches° geleistet. Du siehst auch ganz erschöpft aus! Schau doch nur deine Kleider an!"

"Oh," sagte Franz, "als ich am Aignerhaus ankam, war das Feuer schon praktisch gelöscht. Ich war nämlich noch ein wenig benommen vom Schlaf. Und da habe ich die Brücke verpaßt° und bin daneben in den Bach gefahren. Zum Glück konnte ich den Motorroller wieder aus dem Wasser heben und ans Ufer° werfen. Aber wir sind beide patschnaß° geworden."

**Notwendigkeit** necessity
**Rettungsdienst** emergency service
**würde** would
**bot . . . an** offered
**da droben** up there
**Freiwillige** volunteers
**benommen** groggy
**Motorroller** motor scooter
**überquert** crossed
**gelöscht** extinguished
**etwas Außerordentliches** something extraordinary
**verpaßt** missed
**Ufer** river bank
**patschnaß** soaking wet

## ZUM VERSTÄNDNIS

**A.** Ergänze jeden Satz mit dem richtigen Wort oder Ausdruck.

1. Das Leben in dem kleinen Städtchen, wo Franz wohnte, war (friedlich, rastlos, ereignisreich).
2. Es gelang Franz, seine Nachbarn zu (verärgern, treffen, überzeugen).
3. Es vergingen (zwei Monate, drei Wochen, zwei Wochen), bevor ein Notfall eintrat.
4. Das Haus auf dem Hügel, (das Aignerhaus, das Haus von Franz, das Haus von Karl,) brannte.
5. Franz hörte (den Lärm, die Aigners, Paul) im Schlaf.
6. Als Franz aus der Haustür rannte, sah er, daß (der Jeep, der Motorroller, das Aignerhaus) nicht mehr da war.
7. Franz benützte (den Jeep, den Motorroller, seine Beine), um auf den Hügel zu kommen.
8. Die Freiwilligen (suchten Franz, löschten das Feuer, fuhren in den Bach).
9. Alle Nachbarn kamen (in den Park, auf den Marktplatz, zu Karls Haus), um zu feiern.
10. Während die Nachbarn feierten, sah Franz (gut angezogen, hungrig, erschöpft) aus.

**B.** Beantworte die folgenden Fragen in ganzen Sätzen.

1. Warum will Franz eine Gruppe von Freiwilligen organisieren?
2. Was gibt es nicht in dem kleinen Städtchen, in dem Franz wohnt?
3. Wovon hat Franz schon immmer geträumt?
4. Wann haben die Freiwilligen in unserer Geschichte Gelegenheit, Hilfe zu leisten?
5. Wieviele Freiwillige sind in unserer Geschichte zum Feuer geeilt?
6. Warum sind sie zum Aignerhaus gefahren?
7. Was machte Franz gerade, als die Leute "Hilfe!" riefen?
8. Was hat sich Franz ausgebeten, als er aufwachte? Von wem?
9. Was haben die Nachbarn gefeiert?
10. Warum ist Franz erst beim Aignerhaus angekommen, als das Feuer schon gelöscht war?

**C.** Und du?

1. Möchtest du gern in einem kleinen Städtchen wohnen, so wie Franz, wenn du mit deinem Studium fertig bist? Warum?
2. Was ist die Einwohnerzahl von der Stadt oder dem Ort, in dem du wohnst?
3. Wie ist das Leben in deiner Stadt oder deinem Dorf?
4. Fährst du gern mit einem Motorroller? Warum?
5. Hast du je in deiner Schule freiwillige Dienste geleistet? Warum?
6. Möchtest du einmal bei der Feuerwehr sein? Warum?
7. Hast du schon einmal eine Gruppe organisiert, die in deiner Gemeinde aushilft? Warum?
8. Denkst du, daß der Mittagsschlaf eine gute Einrichtung ist, oder eine schlechte? Warum?
9. Was würdest du als erstes machen, wenn es in deinem Haus ein Feuer geben würde?
10. Was hältst du von Franz, und von seinem Charakter?

## WÖRTER UND AUSDRÜCKE

**A. False cognates:** The following words mean something different from their English apparent counterparts. Define their meaning, using the dictionary when necessary. Then use each in a sentence.

1. Charakter
2. bekommen
3. Büro
4. wer
5. Gymnasium

**B. Match** the phrases on the left with those on the right to make complete sentences.

1. In unserem Städtchen
2. Unsere Feuerwehr besteht
3. Neulich hat es
4. In fünf Minuten war
5. Das Feuer
6. Die Feuerwehr

a. die Feuerwehr da.
b. war bald gelöscht.
c. hat wieder etwas Außerordentliches geleistet.
d. aus Freiwilligen.
e. bei meinem Nachbarn gebrannt.
f. gibt es eine gute Feuerwehr.

## VERBEN

**A. Complete** the following sentences with the verbs in parentheses using the perfect tense.

1. Gestern ________ es in unserm Dorf ________. *(brennen)*
2. Ich ________ schnell zu meinem Auto ________. *(rennen)*
3. Dann ________ ich zu dem brennenden Haus ________. *(fahren)*
4. Ich ________ vor einem Jahr Mitglied der Feuerwehr ________. *(werden)*
5. Der Mann in dem Haus ________ mich ________. *(rufen)*
6. Er ________ mich beim Namen ________. *(nennen)*
7. Er ist mein Arzt, und er ________ mich sofort ________. *(erkennen)*

**B. Complete** the preceding sentences with the verbs in parentheses using the imperfect.

## STRUKTUREN

**A. Change** the following sentences according to the example below using the modal auxiliary in parentheses.

EXAMPLE: *Ich habe ihn nicht eingeholt.*
*Ich konnte ihn nicht einholen.*

1. Ich habe den Motorroller herausgehoben. *(können)*
2. Ich habe einen Rettungsdienst gegründet. *(wollen)*
3. Er hat die Brücke nicht überquert. *(dürfen)*
4. Wir sind ins Kino gegangen. *(dürfen)*
5. Sie hat mir ihr Auto geliehen. *(wollen)*
6. Wir haben dort zu Mittag gegessen. *(können)*

**B. Find** the basic noun and its definite article for the following diminutives.

1. Städtchen
2. Schläfchen
3. Hündchen
4. Kätzchen
5. Plätzchen
6. Häuschen
7. Wässerchen
8. Stündchen
9. Brötchen
10. Stühlchen

# 17.
# Satzzeichen°

**Satzzeichen** punctuation

VOR DEM LESEN: ***Was machst du, wenn jemand darauf aus ist, dich vor andern Leuten bloßzustellen?°***

**bloßzustellen** to embarrass

Paul Kuckuck hat voriges Jahr seinen Studienabschluß an der Universität Heidelberg gemacht. Er ist ein junger Mann von zweiundzwanzig Jahren, gutaussehend, sportlich, intelligent, idealistisch. Sein Motto ist: „Fluche° nicht der Dunkelheit: zünde° eine Kerze an." Darum wollte er schon immer Lehrer werden. Als er sein Studium beendet hatte, ging er in ein

**fluche** curse
**zünde . . . an** light

kleines Städtchen im Innern des Landes, um an einem Gymnasium Deutsch zu lehren.

Am ersten Schultag sagte er zu seinen Schüler: „Heute werden wir lernen, wie wichtig Satzzeichen sind. Ich werde alle Satzzeichen und ihre entsprechenden Regeln erklären. Martin, der schlechteste Schüler in der Klasse, unterbrach den Unterricht mit allerlei blöden Fragen. Einmal fragte er: „Warum brauchen wir am Anfang und am Ende einer Rede Anführungszeichen?"°

Obwohl das eine berechtigte° Frage war, wußte der Lehrer, daß Martin nicht an der Antwort interessiert war. Darum gab er ihm diese Antwort:

„Wir brauchen sie, weil wir zwei Augen haben: also haben wir ein Anführungszeichen für jedes Auge. Aber wenn du nach dem Unterricht bei meinem Büro vorbeikommst, werde ich versuchen, es dir noch ein bißchen besser zu erklären."

Martin ärgerte sich, weil er den Lehrer nicht aus der Fassung bringen° konnte, und er unterbrach den Unterricht immer wieder mit seinen lächerlichen Fragen. Als er merkte, daß der Lehrer nicht darauf reagierte, sagte er ganz laut:

„Der Lehrer ist unwissend° und dumm."

Die Schüler waren ganz weg. Trotzdem blieb der Lehrer vollkommen ruhig. Statt den Schüler zu strafen° nahm er die Kreide° und ging an die Tafel. Dann sagte er zur Klasse:

„Wir werden jetzt analysieren, was euer Mitschüler eben gesagt hat."

Dann schrieb er den folgenden Satz an die Tafel: „Der Schüler sagt der Lehrer ist unwissend und dumm."

„Und nun werde ich die Bedeutung des Satzes verändern,° indem ich nichts als die Satzzeichen verändere."

Dann schrieb er das Folgende an die Tafel:

„Der Schüler, sagt der Lehrer, ist unwissend und dumm."

Von diesem Tag an belästigte° Martin nie wieder irgend jemand in der Klasse.

**Anführungszeichen** quotation marks
**berechtigte** legitimate
**aus der Fassung bringen** upset, break someone's composure
**unwissend** ignorant
**strafen** punish
**Kreide** chalk
**verändern** to change
**belästigte** bothered

## ZUM VERSTÄNDNIS

**A.** Beantworte die folgenden Fragen in ganzen Sätzen.

1. Wer ist Paul Kuckuck?
2. Was ist sein Motto?
3. Was beschloß er, nach dem Studium zu machen?
4. Was lehrte er seine Klasse am ersten Tag?
5. Wer ist Martin?
6. Wie erklärt Herr Kuckuck die Regel für Anführungszeichen?
7. Was sagt Martin über den Lehrer?
8. Wie reagiert der Lehrer darauf?
9. Was macht Herr Kuckuck, um die Wichtigkeit der Satzzeichen zu demonstrieren?

**B.** Und du?

1. Hast du ein Motto? Was ist dein Motto?
2. Was sind deine Pläne für die Zukunft? Was willst du machen, wenn du mit der Schule fertig bist?
3. Möchtest du gern Lehrer(in) werden? Warum?
4. Wie würdest du auf einen Schüler wie Martin reagieren?
5. Wie ist dein Deutschlehrer?
6. Benehmen sich die Schüler in deiner Klasse alle gut?

## WÖRTER UND AUSDRÜCKE

**A. Indicate** whether these statements are true or false. Write *R* for *richtig* and *F* for *falsch*. If the statement is false, correct it.

1. Satzzeichen sind unwichtig.
2. Einen Satz ohne Satzzeichen kann man oft nicht verstehen.
3. Anführungszeichen braucht man, wenn man jemand zitiert.
4. Der Lehrer in unserer Geschichte ist unwissend.
5. Wenn man etwas verändert, wird es anders.
6. Ein Büro ist ein Möbelstück.

**B. Determine** which of the following pairs are synonyms or antonyms, and mark them *S* or *A*.

1. ruhig bleiben/aus der Fassung kommen
2. lehren/unterrichten
3. unwissend/intelligent
4. dumm/blöd
5. bedeuten/heißen
6. strafen/belohnen

## VERBEN

**Change** the following sentences to the perfect.

1. Sie studiert an der Harvard Universität.
2. Der Lehrer analysiert den Satz.
3. Die Professorin zitiert Goethe.
4. Er demonstriert seinen Versuch.
5. Paul reagiert erstaunlich ruhig.
6. Martin probiert, ihn zu ärgern.

## STRUKTUREN

**Complete** the following sentences using the adjectives in parentheses. You will be using the endings that follow *ein*-words.

| | |
|---|---|
| **1.** Das ist mein ________ Bruder. | *(klein)* |
| **2.** Hier ist meine ________ Schwester. | *(klein)* |
| **3.** Wo ist dein ________ Vater? | *(lieb)* |
| **4.** Hast du an deinen ________ Vater geschrieben? | *(lieb)* |
| **5.** Gib deiner ________ Schwester ein Stück Kuchen. | *(klein)* |
| **6.** Gib deinem ________ Bruder ein Glas Milch. | *(lieb)* |
| **7.** Seit wann wohnst du in deinem ________ Haus? | *(neu)* |
| **8.** Gefällt euch unser ________ Garten? | *(blühend)* |
| **9.** Das ist ein ________ Haus. | *(schön)* |
| **10.** Schenkst du mir dein ________ Kleid? | *(alt)* |
| **11.** Da sind Ihre ________ Kinder! | *(lieb)* |
| **12.** Er leiht mir sein ________ Fahrrad. | *(neu)* |
| **13.** Es gibt kein ________ Land. | *(besser)* |
| **14.** Es gibt keinen ________ Lehrer hier. | *(ander-)* |

# 18.
# Die kleine Astronautin

VOR DEM LESEN: ***Welchen Beruf° hättest du gern°? Welche anderen Berufe würden dir vielleicht zusagen°? Warum?***

**Beruf** occupation, profession
**hättest du gern** would you like
**würden dir zusagen** would appeal to you

Die Familie Heller ist gerade mit dem Abendessen fertig und sitzt jetzt im Garten hinter dem Haus. Es ist ein wunderschöner Abend. Es ist keine einzige Wolke am Himmel, und die Hellers können den Mond und eine Menge Sterne sehen.

Herr Heller schaut zum Himmel hinauf und sagt: „Der Mond ist so weit weg!"

„Ja," sagt Frau Heller. „ Er ist so weit weg, und doch sind mehrere Astronauten auf dem Mond gelandet. Es ist unglaublich!"

„Sie sind so mutig! So mutig° wie Christof Kolumbus, als er nach Amerika segelte," sagt ihr Mann.

**mutig** brave, courageous

Da sagt Josi, die kleine fünfjährige Tochter: „Ich möchte gern eine Astronautin werden. Und eines Tages werde ich auf die Sonne fliegen."

„Aber Josi," sagt der Vater, "du hast immer gesagt, du willst Ärztin oder Rechtsanwältin werden. Jetzt sagst du, du willst Astronautin werden. Weißt du, daß das ein sehr gefährlicher° Beruf ist? Und außerdem° mußt du sehr viel studieren, um Astronautin zu werden."

**gefährlich** dangerous
**außerdem** besides

„Ich werde sehr viel studieren, und ich werde die mutigste Astronautin werden. Ich werde noch mutiger sein als Tristof Tolumbus."

„Christof Kolumbus, mein Kind."

„Ja, das habe ich ja gesagt."

Die Eltern lachen, und die Mutter sagt: „Mein kleines Mädchen, ich weiß, daß du sehr tapfer° bist, aber auf die Sonne kannst du nicht fliegen, weil sie sehr, sehr heiß ist. Sie ist eine Kugel° aus Feuer, und du wirst ganz verbrannt werden."

**tapfer** brave
**Kugel** ball

„Dann nehme ich recht viel Sonnenschutzöl,° und meine Sonnenbrille,° so wie wenn wir an den Strand° gehen," antwortet das kleine Mädchen.

**Sonnenschutzöl** sun screen
**Sonnenbrille** sun glasses
**Strand** beach

„Aber es ist nicht genug, die Augen vor den Sonnenstrahlen° zu schützen, " sagt die Mutter.

**Sonnenstrahlen** sun's rays

„Ich weiß schon, was ich mache!" sagt Josi ganz glücklich. „Ich fliege in der Nacht auf die Sonne!"

## ZUM VERSTÄNDNIS

**A.** Richtig oder falsch? Vor jeden Satz, schreib *R* für *richtig* und *F* für *falsch*. Dann korrigiere die falschen Sätze.

1. Die Familie Heller ist in den Park gegangen.
2. Die Familie Heller wird jetzt zu Mittag essen.
3. Es ist sehr sonnig.
4. Es gibt keine Wolken am Himmel.
5. Es sind schon Astronauten auf dem Mond gewesen.
6. Es sind schon Astronauten auf der Sonne gewesen.
7. Herr Heller sagt, daß Astronauten nicht sehr mutig sind.
8. Herr Heller sagt, daß man sehr lange studieren muß, um Astronautin zu werden.

**B.** Beantworte die folgenden Fragen in ganzen Sätzen.

1. Wo ist die Familie Heller?
2. Womit sind sie gerade fertig?
3. Was schauen sie an?
4. Was für eine Nacht ist es?
5. Mit wem vergleicht Herr Heller die Astronauten?
6. Was will Josi werden?
7. Wohin will Josi fliegen?
8. Wann will sie dort hinfliegen?

**C.** Und du?

1. Bewunderst du die Astronauten? Warum?
2. Was hältst du von Reisen auf den Mond?
3. Können wir eine Reise auf den Mond mit der Reise von Kolumbus vergleichen?
4. Wie viele Jahre wird es dauern, meinst du, bis wir auf dem Mars landen?
5. Warum ist die Erforschung des Weltraums wichtig?
6. Glaubst du, daß es auf anderen Planeten Lebensformen gibt? Warum?
7. Glaubst du, daß interplanetarische Fahrten eines Tages alltäglich sein werden? Warum?
8. Warum sollten wir mit unserem Planeten sorgfältig umgehen?

## WÖRTER UND AUSDRÜCKE

**A. Synonyms:** Match the words and expressions that have the same meaning.

| | |
|---|---|
| **1.** Ball | **a.** tapfer |
| **2.** riesig | **b.** enorm |
| **3.** mutig | **c.** unglaublich |
| **4.** kaum zu glauben | **d.** Sonnengläser |
| **5.** außerdem | **e.** auch |
| **6.** Sonnenbrille | **f.** Kugel |

**B. Compound words:** Which words in the story are composed of two other words? List those words, along with their component words. If the word is a noun, also list its definite article.

## VERBEN

**A. Complete** the following sentences using the words in parentheses.

1. Ich ________ gern in den Straßen meiner Stadt. *(bummeln)*
2. In den Ferien ________ ich auch gern am See. *(segeln)*
3. Manchmal ________ mein jüngerer Bruder auch mit mir. *(segeln)*
4. ________ du auch gern? *(segeln)*
5. Mein älterer Bruder ________ lieber. *(angeln)*
6. Aber ich ________ nicht gern. *(angeln)*
7. Ich ________ zwar gern Fisch, aber ich mag nicht fischen. *(essen)*
8. ________ du gern? *(schwimmen)*
9. Verwendest du Sonnenschutzöl, damit du nicht ________? *(verbrennen)*

**B. Complete** the following sentences using the words given below.

1. Es _________ vier Elemente.
2. Sie _________ Wasser, Luft, Feuer, und Erde.
3. Wasser _________ man.
4. Luft _________ man.
5. Feuer _________, und es _________ uns.
6. Die Erde _________ uns, und auf ihr _________ alles, was wir zum Leben brauchen.

| | | | |
|---|---|---|---|
| atmen | geben | tragen | wachsen |
| brennen | heißen | trinken | wärmen |

## STRUKTUREN

**Complete** the following sentences using the adjectives in parentheses. You will be using the endings that follow *der*-words.

1. Welche _________ Frau hat deine Katze gefüttert? *(nett)*
2. Welcher _________ Junge hat mein Gras geschnitten? *(freundlich)*
3. Das war dieses _________ Mädchen. *(klein)*
4. Hast du einen solchen _________ Mann je gekannt? *(alt)*
5. Wir haben solche _________ Blumen im Garten. *(schön)*
6. Weißt du den lateinischen Namen von diesen _________ Pflanzen? *(blau)*
7. Hast du diesen _________ Film schon gesehen? *(interessant)*
8. Sie fliegen mit diesem _________ Flugzeug nach Japan. *(riesig)*
9. Welcher _________ Mensch will morgen auf den Mond fliegen? *(mutig)*
10. Ich kenne manches _________ Märchen. *(traurig)*
11. Diese _________ Frau wohnt in meiner Straße. *(blond)*
12. Ich sehe diese _________ Frau oft. *(jung)*
13. Den _________ Mann sehe ich selten. *(ander-)*
14. Wo wohnt der _________ Mann? *(ander-)*

# 19.
# Hier spricht man deutlich°

**deutlich** clearly

VOR DEM LESEN: ***Hättest du gern dein eigenes Geschäft? Was für eine Art Geschäft? Wie würdet du für dein Geschäft werben°?***

**werben** to advertise

Die Besitzerin eines Kleiderladens° in einer Kleinstadt, Ilse Gehmacher, hatte zwei Konkurrenten in der gleichen Straße. Sie alle dachten immer darüber nach, wie sie am besten für ihr Geschäft werben könnten, und wie sie mehr Kunden und Kundinnen° anziehen könnten.° Sie verwendeten viel Zeit und Geld darauf, die Fassaden ihrer Gebäude zu verschönern. Ihre Auslagen waren immer attraktiv und phantasiereich, die Fenster blitzblank, die Blumenkästen voll buntblühenden Blumen, der Gehsteig° sauber gewaschen. Die Verkäuferinnen waren kompetent, freundlich, und hilfsbereit.

**Kleiderladen** clothing store

**Kunden und Kundinnen** customers

**anziehen könnten** could attract

**Gehsteig** sidewalk

Margot Strasser, die Freundin von Frau Gehmacher, war auch eine tüchtige° Geschäftsfrau, mit modernen Ideen und klugen Einfällen. Sie besaß ein Baustoffgeschäft in einem andern Stadtteil.

**tüchtige** capable

Heute früh hatte Ilse ihre Freundin angerufen. „Hast du heute vielleicht Zeit, zum Kaffee bei mir vorbeizukommen? Ich habe nämlich ein kleines Problem, und würde sehr gern mit dir darüber sprechen und deine Ratschläge° hören."

**Ratschläge** advice

„Ja freilich, das mache ich gern," sagte Margot.

„Als sie nachmittags gemütlich bei Kaffee und selbstgebackenem Streuselkuchen am Balkon saßen, sagte Margot:

„So, was liegt dir am Herzen, meine Liebe?"

„Ja weißt du, manchmal macht mir die Konkurrenz° in meiner Straße doch ein bißchen Sorgen! "sagte Ilse.

**Konkurrenz** competition

„Ja, und warum das?" fragte Margot.

„Ich glaube, sie haben schon wieder neue Ideen für Werbung."

„Ach," meinte Margot, „auch dir fällt immer etwas Gutes ein. Mach dir nur keine zu großen Sorgen! Du bist doch so tüchtig und erfolgreich!"°

**erfolgreich** successful

„Meinst du wirklich?"

„Ja, das meine ich wirklich! Bewahre dir nur dein Selbstvertrauen!"°

**Selbstvertrauen** self-confidence

Zwei Wochen später wollte Margot wieder zu Ilse. Sie wollte sehen, wie es ihrer Freundin geht. Aber vorher fuhr sie in die Stadt, parkte ihren Wagen, und spazierte in die Fußgängerzone,° wo die drei Geschäfte waren. Am ersten Geschäft war ein großes neues Schild° mit der Aufschrift:

**Fußgängerzone** pedestrian zone
**Schild** sign

„Der beste Kleiderladen in der Stadt!"

Als sie am zweiten Geschäft vorbeikam, sah sie ein ebenso großes neues Schild, aber auf diesem Schild stand:

„Der beste Kleiderladen in der Welt!"

Schließlich kam sie an das Geschäft ihrer Freundin Ilse. Da leuchtete ihr auch ein neues Schild entgegen. Es war nicht größer als die andern Schilder, aber viel schöner und geschmackvoller. Und auf diesem Schild standen diese Worte:

„Der beste Kleiderladen in der Straße!"

## ZUM VERSTÄNDNIS

**A.** Numeriere die folgenden Sätze in chronologischer Folge.

**a.** ________ Margot parkte ihr Auto und ging durch die Fußgängerzone.

**b.** ________ Ilse hatte ein neues Schild an ihrem Laden.

**c.** ________ Ilse sagt Margot, sie macht sich Sorgen wegen ihrer Konkurrenz.

**d.** ________ Ilse telefonierte ihrer Freundin Margot.

**e.** ________ Margot geht an den zwei anderen Kleiderläden vorbei.

**f.** ________ Alle Geschäfte in Ilses Straße waren schön und sauber.

**g.** ________ Margot und Ilse tranken Kaffee auf dem Balkon.

**B.** Beantworte die folgenden Fragen in ganzen Sätzen.

1. Was für ein Geschäft besitzt Ilse Gehmacher?
2. Wie sehen alle Geschäfte in ihrer Straße aus?
3. Warum ruft Ilse ihre Freundin Margot an?
4. Wo trinken die beiden ihren Nachmittagskaffee?
5. Worüber sprechen die beiden?
6. Wohin fährt Margot zwei Wochen später?
7. Warum spaziert Margot durch die Fußgängerzone?
8. Was sieht sie dort?

**C.** Und du?

1. Was hälts du von Ilse als Geschäftsfrau?
2. Wie gefällt dir ihre Art, das Problem der Konkurrenz zu lösen?
3. Hast du eine Freundin oder einen Freund, bei denen du dir guten Rat holen kannst?
4. Möchtest du ein Geschäft besitzen? Warum?
5. Hast du schon einmal in einem Geschäft gearbeitet?
6. Wie war die Arbeit?
7. Hast du schon besonders schöne Geschäftsstraßen gesehen? Wo?
8. Wo kaufst du gern deine Kleider?

## WÖRTER UND AUSDRÜCKE

**A. Match** the phrases on the left with those on the right to make complete sentences.

1. Ilse besitzt
2. Margot ist Besitzerin
3. In Ilses Straße
4. Ilse serviert ihrer Freundin
5. Die Freundinnen unterhalten sich
6. Sie macht sich Sorgen
7. Auf ihrem Schild steht:

a. Der beste Kleiderladen in der Straße!
b. über Ilses Sorgen.
c. Kaffee und Kuchen.
d. einen Kleiderladen.
e. wegen der Konkurrenz.
f. eines Baustoffgeschäfts.
g. gibt es noch zwei andere Kleiderläden.

**B. Complete** the following sentences using the words given below.

1. In den Geschäften arbeiten _________.
2. Alle sind sehr _________.
3. Die _________ des Baustoffgeschäfts heißt Margot.
4. Ilse _________ einen Kleiderladen.
5. Alles, was man besitzt, kann man _________ nennen.
6. Wenn man nichts besitzt, ist man _________.

| | | |
|---|---|---|
| Besitz | besitzlos | hilfsbereit |
| Besitzerin | besitzt | Verkäuferinnen |

## VERBEN

**A. Complete** the following sentences using the words given below.

1. Die Besitzerin vom Kleiderladen _________ Ilse.
2. Margot _________ ein Baustoffgeschäft.
3. Baustoffe _________ man zum Bauen von Häusern.
4. Was _________ Ilse ihrer Freundin zu essen?
5. Ilse _________ für ihren Kleiderladen mit einem neuen Schild.
6. Was _________ auf Ilses neuem Schild?

| | | |
|---|---|---|
| besitzen | geben | stehen |
| brauchen | heißen | werben |

**B. Complete** the following sentences with the verbs in parentheses using the imperfect. You will be using verbs with separable and inseparable prefixes.

1. Mit dem neuen Schild _________ Ilse neue Kunden _________. *(anziehen)*
2. Margot _________ bei ihrer Freundin zum Kaffee _________. *(vorbeikommen)*
3. Margot und Ilse _________ beide ein Geschäft. *(besitzen)*
4. Sie _________ über ihr Problem _________. *(nachdenken)*
5. Sie _________ viel Zeit zum Nachdenken. *(verwenden)*
6. Sie _________ ihren Laden mit Blumen. *(verschönern)*
7. Wem _________ das Baustoffgeschäft? *(gehören)*
8. Es _________ mir nichts Besseres _________. *(einfallen)*

## STRUKTUREN

**A. Match** the phrases on the left with those on the right to make complete sentences. In some instances there is more than one correct answer.

| | |
|---|---|
| **1.** In meinem Haus | **a.** dein Haus? |
| **2.** In dein Haus | **b.** in seiner Küche? |
| **3.** Wo steht | **c.** seine Küche. |
| **4.** Gehst du jetzt | **d.** seine Küche? |
| **5.** Sitzt du gern | **e.** in deinem Garten? |
| **6.** Ist das | **f.** dein Garten? |
| **7.** Magst du | **g.** in deinen Garten? |
| **8.** Kochst du gern | **h.** sind immer Gäste. |
| **9.** Ich gehe gern in | **i.** komme ich gern! |

**B. Complete** the following sentences using the *ein*-words in parentheses.

1. Wir essen heute in _________ Haus. *(euer)*
2. Erst kochen wir in _________ Küche. *(unser)*
3. Hat er _________ Kuchen gebacken? *(sein)*
4. Hat sie _________ Salat gemacht? *(ihr)*
5. Haben Sie _________ gutes Brot gebracht? *(Ihr)*
6. Bist du mit _________ Freund gekommen? *(dein)*
7. Hast du die Blumen von _________ Schwester bekommen? *(dein)*
8. Das steht in _________ Büchern. *(kein)*
9. Habt ihr _________ Geschenke mitgebracht? *(kein)*

# 20.
# Hausaufgaben°

**Hausaufgaben** homework

VOR DEM LESEN: ***Ist es wichtig, daß Eltern ihren Kindern bei den Aufgaben° helfen? Was meinst du?***

**Aufgaben** homework

„Heinz!" sagte Frau Mager. „Stell den Fernseher° ab! Komm und hilf Barbara mit ihren Mathematikaufgaben. Wenn du kein Fußballspiel anschaust, dann liest du die Zeitung. Hör mal auf mit all dem, und hilf ihr. Dieses Semester ist deine letzte Gelegenheit,° ihr zu helfen."

„Das verstehe ich nicht," antwortete ihr Mann.

**stell den Fernseher ab** turn off the television

**Gelegenheit** opportunity

„Jawohl, Heinz. Dieses Semester ist deine letzte Gelegenheit, ihr zu helfen."

„Aber sie hat doch noch mehrere Schuljahre vor sich . . ."

„Ja, das stimmt," antwortete seine Frau sarkastisch,° „aber nächstes Jahr ist sie in der fünften Klasse, und du kannst ihr nicht mehr helfen, weil es für dich zu fortgeschritten sein wird."

„Sehr komisch!"

Herr Mager ärgerte sich zwar über den Sarkasmus seiner Frau, aber er hatte sein kleines Mädchen sehr lieb.° Sie hatte Probleme mit Mathematik, und er wollte ihr helfen. Also stellte er den Fernseher ab und setzte sich zu Barbara, um ihr mit den Aufgaben zu helfen. Aber er konnte nicht aufhören, an das Fußballspiel zu denken. Da er sich nicht konzentrieren° konnte, erklärte er seiner Tochter viele Sachen recht schlecht, and machte viele Fehler bei den Aufgaben. Als sie fertig waren, bedankte sich Barbara bei ihrem Vater.

Am nächsten Tag verbrachte die Matheslehrerin° die ganze Unterrichtsstunde° damit, über die Mathesaufgaben Fragen zu stellen. Barbara zeigte bei jeder Frage auf, weil sie glaubte, daß sie die Antwort wüßte.°

Leider waren fast all ihre Antworten falsch.

Schließlich sagte die Lehrerin zu ihr:

„Ich kann nicht verstehen, wie nur ein Mensch so viele Fehler machen kann, Barbara."

Barbara schaute ihre Lehrerin an und sagte:

„Ja, Frau Lehrerin, es war nicht nur eine Person, die alle diese Fehler gemacht hat. Die Fehler sind von zwei Leuten gemacht worden. Mein Vater hat mir bei den Aufgaben geholfen."

**sarkastisch** sarcastically

**hatte . . . lieb** loved

**sich nicht konzentrieren** not concentrate

**Matheslehrerin** math teacher
**Unterrichtsstunde** class period
**wüßte** knew

## ZUM VERSTÄNDNIS

**A.** Beantworte die folgenden Fragen in ganzen Sätzen.

1. Was macht Herr Mager?
2. Was sagt seine Frau zu ihm?
3. Womit hat ihre Tochter Probleme?
4. Warum sagt Frau Mager zu ihrem Mann, daß dies seine letzte Gelegenheit ist, ihrer Tochter mit den Aufgaben zu helfen?
5. Wie reagiert Herr Mager darauf?
6. Hilft Herr Mager seiner Tochter?
7. Kann er sich konzentrieren? Warum?
8. Erklärt Herr Mager die Aufgaben gut?
9. Was geschieht am nächsten Tag in der Matheklasse? Gibt Barbara die richtigen Antworten?
10. Was sagt die Lehrerin zu ihr?
11. Was antwortet Barbara?

**B.** Und du?

1. Ist das Lernen wichtig? Warum?
2. Glaubst du, daß fleißige Leute bessere Stellungen bekommen? Warum? Gibt es Ausnahmen? Was sind diese Ausnahmen?
3. Sollen Eltern Anteil nehmen an den Schularbeiten ihrer Kinder? Warum?
4. Bekommst du zu Hause Hilfe mit deinen Hausaufgaben?
5. Bittest du um Hilfe, wenn du in einem Fach Probleme hast? Wen bittest du um Hilfe?
6. Helfen dir deine Mitschüler, wenn du etwas nicht verstehst? Und hilfst du deinen Mitschülern, wenn sie etwas nicht verstehen?

## WÖRTER UND AUSDRÜCKE

**A. Cognates** of these words appear in this story. Write each German word next to its English counterpart and provide the definite article with each noun.

1. sarcastically
2. person
3. semester
4. mathematics
5. problem
6. concentrate

**B. Match** the phrases on the left with those on the right to make complete sentences.

1. Heute haben wir
2. Vor dem Lernen spielen
3. Dann lerne
4. Mein Bruder
5. Zusammen
6. Nach dem Essen

a. machen wir dann Mathematik.
b. viele Hausaufgaben.
c. macht seine Spanischaufgabe.
d. wir im Garten ein bißchen Fußball.
e. schaue ich mit meinem Vater etwas im Fernsehen an.
f. ich meine deutschen Wörter und Ausdrücke.

## VERBEN

**A. Complete** the following sentences with the verb *helfen* or the verbs in parentheses. Some sentences require the perfect or imperfect.

1. Ich _________ dir heute Abend gern mit den Hausaufgaben.
2. Vielleicht _________ du mir vorher beim Kochen.
3. Gestern _________ mir deine Schwester _________.
4. Früher _________ mir immer deine Mutter.
5. Jetzt _________ wir alle _________, weil deine Mutter als Lehrerin viele Augaben korrigieren muß. *(mithelfen)*
6. Wir _________ ihr _________, und am Wochenende können wir alle zusammen an den Strand fahren. *(aushelfen)*

**B. Complete** the following sentences using *stehen*. Use imperfect where indicated.

1. Wo _________ das?
2. Ich habe es so gemacht, denn so _________ es im Kochbuch. *(imperfect)*
3. Die Mathematikaufgaben, die an der Tafel _________, waren falsch. *(imperfect)*
4. Was _________ da geschrieben? Ich kann es nicht lesen!
5. Auf diesem Schild _________ zwei Namen.
6. Was _________ in dem Brief, den du gerade bekommen hast?

## STRUKTUREN

**A. Change** the following sentences by starting each with the underlined word(s) and adjusting the word order accordingly.

1. Wir gehen heute nicht in die Schule.
2. Sie gehen oft aus zum Essen.
3. Sie geht am Samstag Bergsteigen.
4. Ich fliege im Juni nach Japan.
5. Der Hund stand plötzlich da und sagte „Miau!"
6. Du bist manchmal so still! Bist du traurig?
7. Wir fahren morgen nach Innsbruck.
8. Ich bin eigentlich sehr froh.
9. Sie fährt später noch in die Stadt.

**B. Complete** the following sentences using the words given. These are *der*-words.

1. __________ Haus gefällt mir nicht. *(dieser)*
2. War er in __________ Jahr in Australien? *(jener)*
3. __________ Mantel willst du haben? *(welcher)*
4. __________ Autos gibt es nicht mehr. *(solcher)*
5. __________ Kleid gefällt dir besser, das grüne oder das blaue? *(welcher)*
6. __________ Jahr fahren wir nach Italien. *(jeder/accusative)*
7. Wir haben hier __________ schönen Tag verbracht. *(mancher/accusative)*
8. __________ Kind ist das? *(welcher)*

**C. Express** the quotation below in English.

Ein König hat das Folgende auf einen Zettel geschrieben für einen Mann, der nicht sehr höflich zu ihm war. Der König hat ihm geholfen, und der Mann hat sich nicht einmal bedankt:

„Wenn mancher Mann wüßte, wer mancher Mann wär,
gäb mancher Mann manchem Mann manchmal mehr Ehr'."

Rewrite the quotation by replacing *mancher* with other *der*-words, for instance *dieser/jener, jeder.*

# 21. Der ehemalige° Schüler

**ehemalige** former

Vor dem Lesen: ***Stell dir vor, daß es schon fünf Jahre her ist, seit du mit der Schule fertiggeworden bist. Plötzlich siehst du einen deiner ehemaligen Lehrer. Begrüßt du diese Lehrperson,° oder versuchst du, ihr auszuweichen?° Warum?***

**Lehrperson** teacher

**auszuweichen** to avoid

Neulich habe ich in New York auf die U-Bahn° gewartet. Plötzlich sah ich Herrn Neumann, meinen alten Englischlehrer aus Innsbruck. Als ich in seiner Klasse war, war ich gar kein guter Schüler. Einmal sagte er zu mir: „Was ist der Präsens von dem Verb 'to go'? Statt zu sagen: „I go, she/he/it goes,

**U-Bahn** subway

we/you/they go," sagte ich: „Everyone goes." An dem Tag bekam ich gleich zwei Fünfer° auf einmal.°

Als ich Herrn Neumann sah, ging ich auf ihn zu und begrüßte ihn.

„Es freut mich sehr, Sie wiederzusehen!" sagte er, indem er mir die Hand schüttelte.°

„Herr Neumann," sagte ich, „erinnern Sie sich denn noch an mich? Ich bin Sepp Dorfner, der schlechteste Schüler in ihrer Englischklasse."

„Aber freilich," war seine Antwort. „Lehrer erinnern sich immer an ihre schlechtesten Schüler."

Wir unterhielten° uns einige Minuten. Dann sagte er zu mir: „Eigentlich suche ich den Bahnsteig,° von dem die Bahn nach Columbia University abfährt. Ich werde dort an einem Seminar in Amerikanischer Literatur teilnehmen."°

Ich gab ihm die nötigen Anweisungen,° und er bedankte sich sehr.

„Sepp, Sie sind wirklich einer meiner besten Schüler!" sagte er, und schüttelte mir wieder die Hand. „Sie wollen doch sagen, einer ihrer schlechtesten, Herr Neumann," sagte ich lachend. „Erinnern Sie sich nicht an den Tag, an dem Sie mir zwei Fünfer gegeben haben?—Warum haben Sie eigentlich nicht die Person am Kartenschalter° um Auskunft gefragt? Sie sprechen doch perfekt Englisch, oder?"

„Naja," sagte er etwas verlegen,° „ich habe versucht, mit dem Beamten und mit mehreren anderen Leuten zu sprechen. Aber niemand in New York scheint° Englisch zu sprechen oder zu verstehen!"

**Fünfer** a five *(failing grade on a scale of one to five)*
**auf einmal** at the same time
**schüttelte** shook
**unterhielten uns** talked, chatted
**Bahnsteig** train platform
**teilnehmen** to participate
**Anweisungen** directions
**Kartenschalter** ticket window
**verlegen** somewhat embarrassed
**scheint** seems to

## ZUM VERSTÄNDNIS

**A.** Beantworte die folgenden Fragen in ganzen Sätzen.

1. Wer ist Herr Neumann?
2. Wo sieht Sepp Herrn Neumann?
3. War Sepp einer der besten oder schlechtesten Englischschüler?

4. Warum hat er an einem Tag zwei Fünfer bekommen?
5. Was fragt Herr Neumann Sepp?
6. Warum will er zur Columbia University fahren?
7. Hat Herr Neumann sonst noch jemand um den Weg gefragt?
8. Glaubt Herr Neumann, daß alle Leute in New York Englisch sprechen?

**B.** Und du?

1. Fährst du mit der U-Bahn in die Schule oder in die Arbeit? Wenn nicht, wie kommst du dann in die Schule oder Arbeit?
2. Würden deine Lehrer sich freuen, dich nach vielen Jahren wiederzusehen? Warum, oder warum nicht?
3. Fragst du gern um den Weg?
4. Kennst du dich aus in deiner Stadt oder deinem Ort?
5. Glaubst du, daß Herr Neumann gut Englisch spricht? Warum glaubst du das?

## WÖRTER UND AUSDRÜCKE

**A. Match** the phrases on the left with those on the right to make complete sentences.

1. Neulich habe ich
2. Eine ehemalige Lehrerin
3. Sie hat mich
4. Wir haben uns
5. Sie hat mir
6. Ich war erstaunt, daß

a. kam auf mich zu.
b. die Hand geschüttelt.
c. begrüßt.
d. auf den Bus gewartet.
e. sie sich noch an mich erinnerte.
f. sofort erkannt.

**B. Complete** the following sentences with the German idioms that occur in this story. Use the cues in parentheses.

1. Dort _________ meine Freundin _________ die U-Bahn. *(to wait for)*
2. Ich will sie _________. *(to greet)*
3. Ich _________. *(walk up to her)*
4. Ich sage zu ihr: „_________, dich zu sehen!" *(I am happy)*
5. Sie _________. *(shakes my hand)*

## VERBEN

**A. Complete** the following sentences using the verb *scheinen.*

1. Dieser Schüler _________ sehr fleißig zu sein.
2. Du _________ recht müde zu sein.
3. Unsere Freunde _________ noch nicht hier zu sein.
4. Es _________ mir, daß heute schönes Wetter sein wird.
5. _________ ich dir den richtigen Schlips zu tragen?
6. Ihr _________ mir einen Riesenhunger zu haben.

**B. Complete** the following sentences using the reflexive verbs in parentheses.

1. Wir _________ _________ gern an unsere Schulzeit. *(sich erinnern)*
2. Hast du _________ an sie _________? *(sich erinnern)*
3. Wir haben _________ gut _________. *(sich unterhalten)*
4. _________ du _________ oft mit ihm? *(sich unterhalten)*
5. Er hat _________ herzlich _________ bei uns. *(sich bedanken)*
6. Kinder, _________ _________ bei Oma und Opa! *(sich bedanken)*

## STRUKTUREN

**A. Complete** the following sentences using the superlative form of the adjectives in parentheses.

1. Das war mein _________ Schüler. *(gut)*
2. Das war die _________ Zeit. *(schlecht)*
3. Das war mein _________ Lehrer. *(nett)*
4. Dies ist die _________ Stadt. *(schön)*
5. Das ist mein _________ Traum. *(schön)*
6. Das ist meine _________ Freundin. *(gut)*
7. Kennst du meinen _________ Freund? *(gut)*
8. Has du mein _________ Buch schon gelesen? *(neu)*

**B. Complete** the following sentences using the comparative form of the adjectives in parentheses.

1. Hier sind seine _________ Schuhe. *(gut)*
2. Kennst du eine _________ Lehrerin? *(gut)*
3. Das hier ist ein _________ Haus. *(schön)*
4. Dieses hier ist aber das _________ Haus. *(gut)*
5. Ich brauche ein _________ Kleid. *(klein)*
6. Du hast jetzt einen _________ Wagen. *(klein)*

# 22.
# Ein ganz außergewöhnlicher Vogel°

**außergewöhnlicher Vogel** extraordinary bird

VOR DEM LESEN: ***Was für Geschenke bringst du deiner Familie und deinen Freunden von einer Reise mit?***

Wolfgang geht viel auf Reisen, und wo immer er hinkommt, kauft er gern Geschenke für seine Familie. Er freut sich besonders, wenn er einen günstigen Kauf machen kann. Als er von seiner letzten Reise nach Hause kam, verbrachte er lange

Zeit bei der Zollabfertigung,° während sein Gepäck° untersucht wurde.

Er brachte viele interessante Sachen mit. Für den Großvater brachte er einen schöngeschnitzten° Spazierstock° mit, für den Vater eine lederne° Kniehose. Dem fünfzehnjährigen Bruder brachte er eine Zither (er wollte ihm ein Alphorn° bringen, aber das ging nicht in seinen Koffer). Seinen jüngeren Schwestern brachte er Seidentücher° und Schokolade, und seinem jüngeren Bruder eine Lederhose. Für die Mutter hatte er etwas ganz Besonderes: einen Vogel, von dem der Verkäufer gesagt hatte, daß er sieben Sprachen sprechen könnte.

Als Wolfgang zu Hause ankam, verteilte° er schnell die Geschenke, und ging dann schnell aus dem Haus, um sich die Haare schneiden zu lassen. Für diesen Abend kochte die Mutter eine ausgezeichnete Mahlzeit für ihre Familie. Um acht Uhr setzten sie sich zu Tisch. Es gab Coq au Vin,° denn Wolfgang aß schrecklich gern französische Gerichte.°

„Magst du den Vogel?" fragte Wolfgang seine Mutter. Er meinte natürlich den großen exotischen Vogel, den er seiner Mutter mitgebracht hatte.

Seine Mutter, die an das Essen dachte, das sie eben serviert hatte, sagte: „Ich fand, er schmeckte nicht sehr gut, und er war auch ein bißchen zäh."°

„Ich rede nicht von dem Huhn,° Mutter. Ich meine den Vogel, den ich dir heute geschenkt habe," antwortete er.

„Ach, du meinst den Vogel!" rief die Mutter. „Ich dachte, es wäre ein Hühnchen.° Ich habe damit den Coq au Vin gemacht!"

„Was? Wie konntest du nur sowas° machen! Du hast den Vogel gekocht? Dieser Vogel war sehr gescheit. Er konnte sieben verschiedene Sprachen sprechen!"

„Wenn er so viele Sprachen konnte," sagte sie, „warum hat er mir dann nichts gesagt, als ich ihn in den Kochtopf steckte?"°

**Zollabfertigung** customs
**Gepäck** baggage
**schöngeschnitzten** beautifully carved
**Spazierstock** walking stick
**lederne** leather
**Alphorn** alphorn *(huge musical instrument)*
**Seidentücher** silk scarves
**verteilte** distributed
**Coq au Vin** chicken cooked in wine
**Gerichte** dishes, food
**zäh** tough
**Huhn** chicken
**sowas (so etwas)** something like that
**in den Kochtopf steckte** put in the pot

## ZUM VERSTÄNDNIS

**A.** Beantworte die folgenden Fragen in ganzen Sätzen.

1. Was machte Wolfgang immer, wenn er auf Reisen ging?
2. Was kaufte er für den Großvater?
3. Was brachte er dem Vater?
4. Was wollte er kaufen, was aber nicht in den Koffer ging?
5. Was schenkte er seinen Schwestern?
6. Was brachte er seiner Mutter mit?
7. Warum war ihr Geschenk etwas Besonderes?
8. Was machte sie mit dem Geschenk?
9. Warum machte sie das?

**B.** Und du?

1. Bringst du gern Geschenke mit für deine Familie, wenn du reist?
2. Kaufst du für dich selbst auch Sachen?
3. Bekommst du von anderen Leuten etwas geschenkt, wenn sie von einer Reise heimkommen?
4. Wann hast du deine letzte Reise gemacht?
5. Wohin bist du gefahren? Und mit wem?
6. Passieren solche Dinge, wie in dieser Geschichte, auch in Wirklichkeit manchmal?
7. Kannst du ein Beispiel davon geben?

## WÖRTER UND AUSDRÜCKE

**A. Complete** the following sentences using the adjectives given below.

1. Wolfgang macht gern einen _________ Kauf.
2. Hast du gern _________ Vögel?
3. Ein Hühnchen ist manchmal _________.
4. Ein _________ Mensch kauft vorsichtig ein.
5. Großvater hat keinen _________ Spazierstock.
6. Französisches Essen schmeckt meistens _________.

| | | |
|---|---|---|
| ausgezeichnet | geschnitzten | günstigen |
| exotische | gescheiter | zäh |

**B. Match** the phrases on the left with those on the right to make complete sentences.

1. Mein Vater mag gern
2. Muß man beim Zoll
3. Hast du schon einmal
4. Ein Papagei ist
5. Was für ein Vogel
6. Die Leute in den Alpenländern

a. tragen oft Lederhosen.
b. kann manchmal sprechen?
c. ein exotischer Vogel.
d. Schokolade.
e. ein außergewöhnliches Geschenk bekommen?
f. meistens lange warten?

## VERBEN

**A. Complete** the following sentences using the imperfect of the verbs in parentheses. There are both verbs with separable and inseparable prefixes, so for some sentences you need to fill only one space.

1. Ich _________ seiner Familie schöne Geschenke _________. *(mitbringen)*
2. Der Zollbeamte _________ sein Gepäck gründlich _________. *(untersuchen)*
3. Vater _________ viele interessante Sachen _________. *(verteilen)*
4. Wir _________ rechtzeitig in dem Theater _________. *(ankommen)*
5. Sie _________ einen wunderbaren Sommer _________. *(verbringen)*
6. Die Schwestern _________ sich für die gute Schokolade _________. *(bedanken)*
7. Ich _________ fast gar kein Gepäck _________. *(mitnehmen)*
8. Wir _________ uns den ganzen Nachmittag _________. *(unterhalten)*

**B. Complete** the same sentences using the perfect of the verbs in parentheses.

1. Ich _________ seiner Familie schöne Geschenke _________. *(mitbringen)*
2. Der Zollbeamte _________ sein Gepäck gründlich _________. *(untersuchen)*
3. Vater _________ viele interessante Sachen _________. *(verteilen)*
4. Wir _________ rechtzeitig in dem Theater _________. *(ankommen)*
5. Sie _________ einen wunderbaren Sommer _________. *(verbringen)*
6. Die Schwestern _________ sich für die gute Schokolade _________. *(bedanken)*
7. Ich _________ fast gar kein Gepäck _________. *(mitnehmen)*
8. Wir _________ uns den ganzen Nachmittag _________. *(unterhalten)*

## STRUKTUREN

**A. Complete** the following sentences using the imperfect and the past participle of the verbs in parentheses. The past participles are used as adjectives, and need adjective endings when preceding a noun.

1. Dieser Stock ist _________.
   Das ist ein _________ Stock. *(schnitzen)*
2. Das Haus ist in den Bäumen _________.
   In meinem Garten ist ein _________ Winkel. *(verstecken)*
3. Fast alles ist schon _________.
   Die bekannteste Oper von Smetana heißt „Die _________ Braut." *(verkaufen)*
4. Dieses Geschirr ist schon _________.
   Sind das die _________ Hemden? *(waschen)*

**B. Complete** the following sentences using the past participle of the verbs in parentheses, together with the adjective given. As in the previous exercise, the past participles are used as adjectives, and need adjective endings when preceding a noun.

EXAMPLE: *Das ist ein _________ Stock. (schön schnitzen)*
*Das ist ein schöngeschnitzter Stock.*

1. Das Haus ist _________. *(weiß streichen)*
2. In meinem Garten ist ein _________ Winkel. *(wohl verstecken)*
3. Sind das die _________ Hemden? *(frisch waschen)*
4. Wir haben heute _________ Brot. *(frisch backen)*
5. Die _________ Eier sind besser zum Färben. *(hart kochen)*

# 23.
# Der Alptraum°

**Alptraum** nightmare

VOR DEM LESEN: ***In was für einem Haus wohnst du? Und wo wohnt deine beste Freundin oder dein bester Freund? Lernt ihr oft zusammen, wenn ihr am nächsten Tag eine Prüfung habt?***

Es ist Freitag Abend. Heinz sitzt am Küchentisch und schreibt einen Brief an seinen Brieffreund° in Australien. Die Mutter ist mit einer Freundin ausgegangen  Der Vater ist erst am Nachmittag von einer Geschäftsreise nach Budapest zurückgekommen.

**Brieffreund** pen pal

Nach einer Weile kommt er in die Küche und setzt sich zu Heinz.

„Papa," sagt Heinz, „ich habe Durst. Möchtest du auch etwas zu trinken? Mama hat frische Limonade gemacht, denn heute Nachmittag war es nochmal ziemlich heiß."

„O ja," erwidert der Vater, „ich hätte gern° ein Glas Limonade."

Heinz füllt zwei Gläser und stellt sie auf den Tisch.

„Wie war deine Reise, Papa? Ziemlich anstrengend, was?"

„Ja, es war sehr heiß in Ungarn.° Aber am letzten Tag bin ich mit meinem Geschäftsfreund Karl auf die Donau hinausgefahren, und auf dem Wasser war es natürlich viel kühler. Da konnten wir in Ruhe alles besprechen°, was noch zu besprechen war.—Und du? Wie ist es dir diese Woche gegangen?"

„Gut, Papa. Fast alle meine neuen Lehrer sind gut und interessant, und nett mit uns. Nur die Frau Rauscher, das ist eine strenge Person, und sie verlangt sehr viel. Also haben Artur und ich uns gestern verabredet, miteinander für die heutige Geografieprüfung zu lernen. Ich bin nach dem Abendessen zu ihm hinaus nach Lehen geradelt,° mit Schulsachen und Zahnbürste im Rucksack, weil ich dort übernachten wollte. Und rate mal, was mir da passiert ist?"

„Keine Ahnung,° Heinz. Erzähl doch!"

„Ja, ich bin also in die Bauhausstraße eingebogen, wo der Artur wohnt. Dann habe ich mein Rad abgestellt und abgeschlossen.° Ich bin durch den Garten, wie ich es immer mache, und zur Hintertür° ins Haus hinein. Aber komisch, da war alles dunkel. War denn auf einmal der Strom° ausgegangen? Ich habe 'Artur, Artur!' gerufen, aber nichts rührte sich."

„Ja—und was hast du dann gemacht?" fragte der Vater.

**ich hätte gern . . .** I would like to have . . .

**Ungarn** Hungary

**besprechen** discuss

**geradelt** rode my bike *(Austrian colloquialism)*

**Keine Ahnung!** No idea!

**abgeschlossen** locked

**Hintertür** back door

**Strom ausgegangen** electricity went off

„Also, plötzlich höre ich draußen ein Auto vorfahren, dann ein Geräusch° im Haus—es muß die Haustür gewesen sein—und Schritte, die näher kommen. Ich stehe da wie gelähmt.° Die Tür geht auf, das Licht geht an, und da steht Herr Liebermann, Arturs Nachbar. Er schaut mich ganz erstaunt° an, und ich bin ebenso erstaunt.

„Du bist doch Heinz, der Freund vom Artur, nicht wahr?" sagt er zu mir.

„Ja, ich bin hier, um mit Artur zu lernen. Aber wo ist er? Und sind Sie gekommen, seine Eltern zu besuchen? Denn die sind anscheinend° auch nicht da!"

Da fängt Herr Liebermann an zu lachen und sagt:

„Ja Heinz, die sind nicht hier, weil sie daheim sind. Dies hier ist nämlich mein Haus."

Er lacht noch immer herzlich, während ich mich vielmals entschuldige, und endlich verstehe: ich bin ins falsche Haus hinein, weil sich die Häuser dort ja gleichen° wie ein Ei dem andern!"

**Geräusch** sound

**wie gelähmt** as if paralyzed

**erstaunt** astonished

**anscheinend** apparently

**sich . . . gleichen** resemble each other

## ZUM VERSTÄNDNIS

**A.** Numeriere die folgenden Sätze in chronologischer Folge.

**a.** __________ Heinz entschuldigt sich bei Herrn Liebermann.

**b.** __________ Heinz erzählt dem Vater von der Schule.

**c.** __________ Der Vater kommt in die Küche.

**d.** __________ Herr Liebermann kommt heim.

**e.** __________ Heinz fährt mit dem Rad zu seinem Freund Artur.

**f.** __________ Heinz schreibt einen Brief.

**g.** __________ Der Vater erzählt Heinz von seiner Geschäftsreise nach Ungarn.

**h.** __________ Heinz versteht jetzt, warum er im falschen Haus ist.

**i.** __________ Heinz fragt den Vater, ob er Limonade möchte.

**B.** Beantworte die folgenden Fragen in ganzen Sätzen.

1. Was macht Heinz in der Küche?
2. Mit wem unterhält er sich in der Küche?
3. Von wo ist der Vater heute zurückgekommen?
4. Wovon sprechen Vater und Sohn?
5. Wo war Heinz am Abend vorher hingefahren?
6. Was wollte er da machen?
7. Womit ist er hingefahren?
8. Was ist ihm dort passiert?

**C.** Und du?

1. Hast du schon einmal etwas Ähnliches erlebt wie Heinz?
2. Hast du schon Siedlungen von Häusern gesehen, wo so etwas passieren könnte, was Heinz passiert ist?
3. In was für einem Haus wohnst du? Sieht es ganz anders aus als die Nachbarhäuser, oder sieht es so ähnlich aus?
4. Unterhältst du dich öfters mit deinen Eltern über die Schule?
5. Lernst du meistens allein für eine Prüfung, oder mit Freunden zusammen?
6. Wohnen deine Freunde und Freundinnen in deiner Nähe, oder ziemlich weit weg?
7. Was ist dein Lieblingsgegenstand in der Schule?
8. Was ist dein schwierigster Gegenstand?

## WÖRTER UND AUSDRÜCKE

**A. Match** the adjectives on the left with their comparative or superlative forms on the right.

| | |
|---|---|
| **1.** hoch | **a.** am größten |
| **2.** gut | **b.** am meisten |
| **3.** viel | **c.** besser |
| **4.** nah | **d.** am besten |
| **5.** groß | **e.** mehr |
| **6.** mehr | **f.** am nächsten |
| **7.** gut | **g.** höher |

**B. Complete** the following sentences using the words given below.

1. Er hat _________ und möchte etwas trinken.
2. Manchmal ist ein Schultag sehr _________.
3. Das Haus ist dunkel; _________ ist niemand zu Hause.
4. Sie war ganz _________, mich wiederzusehen.
5. Im Norden ist es im April noch _________ kalt.
6. Meine Freundin und ich haben uns für heute Abend _________.
7. Plötzlich ging der Strom aus, und alles war _________.

| | | | |
|---|---|---|---|
| anscheinend | dunkel | erstaunt | ziemlich |
| anstrengend | Durst | verabredet | |

## VERBEN

**A. Express** the following sentences using the imperfect.

1. Sie ist nicht hier.
2. Wir sind im Kino.
3. Ich bin allein.
4. Du bist sehr freundlich.
5. Sie sind zu Hause.
6. Er ist in Ungarn.
7. Ihr seid immer im Garten.

**B. Express** the following sentences using the imperfect.

1. Der Zug hat Verspätung.
2. Die Häuser haben keine Dächer.
3. Ich habe keine Zeit.
4. Haben Sie Angst?
5. Du hast viel Arbeit.
6. Wir haben ein neues Auto.
7. Ihr habt einen großen Garten.

## STRUKTUREN

**Express** the following sentences using the pluperfect.

1. Sie sind ins Kino gegangen.
2. Sie haben schon gegessen.
3. Ich bin nach Berlin gefahren.
4. Ich habe meine Aufgaben schon gemacht.
5. Du bist gerade nach Hause gekommen.
6. Du hast keine Ahnung.
7. Sie ist schon angekommen.
8. Er hat mir geschrieben.
9. Ihr habt anscheinend keine Eile.
10. Ihr seid in den Park gegangen.
11. Wir haben das Haus selbst gebaut.
12. Wir sind so glücklich gewesen.

# 24.
# Das Konzert

Vor dem Lesen: ***Was für Musik findest du „hot"? Glaubst du, ein Walzer könnte „hot" sein? Warum?***

Walter war ein Genie, ein musikalisches Genie. Seine Kompositionen waren besser als die von Mozart und Beethoven und Bach. Er spielte besser Klavier° als Alfred Brendel, und besser Geige° als Itzakh Perlman. Er spielte auch Gitarre, natürlich besser als Andres Segovia, und er war ein Virtuose auf der Trompete. Und singen konnte er, schöner als Josef Schmidt, Dietrich Fischer-Dieskau, und

**Klavier** piano
**Geige** violin

Fritz Wunderlich zusammengenommen. Wer behauptete° das? Sein Musiklehrer. Und wer glaubte ihm das? Nur sein Vater, ein steinreicher° Geschäftsmann.

Wenn man einen Sohn hat, der ein musikalisches Genie ist, muß man natürlich ein Konzert arrangieren.

Herr Meier (denn so hieß Walters Vater) wendete sich an seine Verwandten.° Er schickte allen Einladungen, in denen er ihnen Erfrischungen und andere Geschenke beim Konzert versprach. Und nach dem Konzert würden alle einen Korb° voll frischem Obst bekommen: Orangen, Äpfel, Birnen, Weintrauben, und Kirschen.

„Es werden viele Leute kommen," sagte er. „Sie werden mir die Tür einrennen,° um hereinzukommen!"

Aber die Verwandten weigerten° sich, zu kommen. Sie hatten keine Lust, zu leiden. Was würde nun geschehen? Wo konnte er sich Rat holen? Er wurde immer trauriger. Was sollte Herr Meier nur machen?

Dann hatte er einen wunderbaren Einfall.° Es gab viele, viele Meiers im Telefonbuch. Er wollte jedem der Meiers eine Einladung schicken. Jeder Meier, jede Meierin, würde glauben, mit Walter verwandt zu sein. Sie würden alle kommen, um sich das musikalische Genie der Familie anzuhören.

An dem Konzertabend kamen Hunderte von Meiers. Es gab keinen einzigen leeren Sitzplatz in dem Theatersaal, den die Meiers in ihrem riesigen Haus hatten. Viele Leute beschwerten° sich, weil sie stehen mußten. Das kleine Genie fing an, Chopins Minutenwalzer zu spielen. Plötzlich kam ein Mann in den Saal gerannt und rief: „Feuer! Feuer! Herr Meier, Ihr Haus brennt!"

Sofort verließen alle das Haus.

Am nächsten Tag erschien folgende Kritik° in der Zeitung: „Das junge Genie, Walter Meier, hat einen neuen Rekord erreicht. Er hat für den Minutenwalzer nur zehn Sekunden gebraucht."°

**behauptete** claimed
**steinreicher** very rich
**Verwandte** relatives
**Korb** basket
**die Tür einrennen** break down the door
**weigerten sich** refused
**Einfall** idea, brainstorm
**beschwerten sich** complained
**Kritik** review *(of a performance)*
**gebraucht** needed; used

## ZUM VERSTÄNDNIS

**A.** Richtig oder falsch? Vor jeden Satz, schreib *R* für *richtig* und *F* für *falsch*. Korrigiere die falschen Sätze.

**1.** Herr Meier lud seine Verwandten nicht ein.
**2.** Herr Meier dachte, sein Sohn wäre ein Genie.
**3.** Herr Meier versprach den Verwandten Geschenke und Obst.
**4.** Walter spielte nur ein Instrument sehr gut.
**5.** Sein Vater arrangierte ein Konzert.
**6.** Ein Mann rannte ins Haus und rief „Feuer!"
**7.** In der Zeitung stand, Walter hätte den Minutenwalzer in nur einer halben Minute gespielt.
**8.** Es gab genug Sitzplätze im Theatersaal.
**9.** Herr Meier schickte seine Einladungen an fremde Leute.

**B.** Beantworte die folgenden Fragen in ganzen Sätzen.

**1.** Was glaubte der Vater von seinem Sohn?
**2.** Was dachten die Verwandten darüber?
**3.** Was versprach Herr Meier allen, die zum Konzert kommen würden?
**4.** Nahmen die Verwandten seine Einladung an?
**5.** Welche Leute lud er schließlich zum Konzert ein?
**6.** Kamen viele Leute zum Konzert?
**7.** Was passierte mitten im ersten Stück?
**8.** Was stand am nächsten Morgen in der Zeitung?

**C.** Und du?

**1.** Spielst du ein Instrument? Welches?
**2.** Hast du musikalisches Talent?
**3.** Möchtest du gern ein Instrument (oder ein anderes Instrument) spielen lernen?
**4.** Hast du andere Talente?
**5.** Gehst du gern ins Theater, in die Oper, oder in ein Konzert? Warum?
**6.** Was für eine Art Musik hörst du am liebsten?

## WÖRTER UND AUSDRÜCKE

**A. Cognates:** Find the German equivalents of the following words in the story, and write them down. If it is a noun, also list its definite article.

1. concert
2. musical
3. music
4. genius
5. virtuoso
6. guitar
7. trumpet
8. arrange
9. composition

**B. Match** the phrases on the left with those on the right to make complete sentences.

| | |
|---|---|
| **1.** Da hast du einen | **a.** musikalisches Genie. |
| **2.** Es gehen nicht viele Leute | **b.** Kirschen und Weintrauben. |
| **3.** Haben Sie viele | **c.** über die schlechten Sitzplätze beschwert. |
| **4.** Wir haben uns | **d.** guten Einfall gehabt. |
| **5.** Mozart war ein | **e.** in diesen Saal hinein. |
| **6.** In dem Korb waren | **f.** Verwandte? |

## VERBEN

**A. Express** the following sentences in the tense indicated in parentheses.

| | |
|---|---|
| **1.** Herr Meier veranstaltete ein Konzert. | *(perfect)* |
| **2.** Walter hat wunderbar gespielt. | *(present)* |
| **3.** Sie hat dir alles versprochen. | *(imperfect)* |
| **4.** Wer hat das behauptet? | *(present)* |
| **5.** Wir haben viele Geschenke bekommen. | *(imperfect)* |
| **6.** Brannte das Haus? | *(present)* |
| **7.** Es rennt jemand hinein. | *(imperfect)* |
| **8.** Rennst du hinein? | *(perfect)* |

**B. Complete** the following sentences by providing the reflexive pronouns.

1. Sie haben _________ beschwert.
2. Beschwerst du _________?
3. Ihr beschwert _________ nie!
4. Ich habe _________ nicht beschwert.
5. Haben Sie _________ nicht geweigert?
6. Ich weigere _________, das zu tun.
7. Du weigerst _________, zu antworten?
8. Wir haben _________ sofort beschwert.

## STRUKTUREN

**A. Complete** the following sentences using the comparative or superlative of the adjectives in parentheses.

1. Dein Haus ist _________ als meins. *(groß)*
2. Aber sein Haus ist am _________. *(groß)*
3. Dieses Restaurant ist _________ als das italienische. *(gut)*
4. Aber das chinesische Restaurant ist am _________. *(gut)*
5. Das Matterhorn ist _________ als Mount Hood. *(hoch)*
6. Aber Mount Everest ist am _________. *(hoch)*
7. Meine Tante wohnt _________ als mein Onkel. *(nah)*
8. Aber meine Großmutter wohnt am _________. *(nah)*

**B. Complete** the following sentences using the missing word. Your choices are *wie, als, so,* or *am.*

1. Sie ist so klug _________ du.
2. Ich bin klüger _________ ihr.
3. Sie sind ärmer _________ wir.
4. Wir sind schon länger hier _________ Sie.
5. Ich bleibe _________ lange wie du.
6. Wer hat _________ längsten gewartet?
7. Hier ist es wärmer _________ dort drüben.
8. Hier ist es _________ kalt wie am Nordpol!
9. Dieser Pianist spielt _________ besten.

# 25.

# Schuldig° oder unschuldig? (Erster Teil)

**schuldig** guilty

VOR DEM LESEN: ***Merkst° du es, wenn dich jemand anlügt? Wie merkst du das?***

**merkst** notice

Erster Fall:°

**Fall** case

„Ich bin nicht schuldig, Herr Richter.° Ich bin unschuldig," sagte der erste Angeklagte.° „Ich habe das Radio nicht gestohlen. Ich werde erklären, was passiert ist. Ich bin um drei Uhr morgens die Straße entlang gegangen. Dann habe ich auf der

**Herr Richter** Your Honor
**Angeklagte** accused

rechten Straßenseite ein zertrümmertes° Schaufenster gesehen. Natürlich bin ich stehengeblieben, um es mir näher anzusehen. Ganz hinten in der Auslage° war ein großes Paket, und in dem Paket war das Radio. Ich wußte nicht, wem es gehörte. Ich wollte es nicht dort lassen, weil es eine unehrliche° Person wegnehmen könnte. Da kein Polizist zu sehen war, beschloß° ich, das Paket zur Polizeistation zu tragen, die an der Ecke ist. Ich war sehr aufgeregt und verwirrt. Darum bin ich zuerst in der entgegengesetzten Richtung° gelaufen. Da hat mich auf einmal ein Polizist aufgehalten und gesagt, ich soll ihm das Radio geben. Da ich die Polizei respektiere und ihr immer folge, habe ich es ihm gegeben. Ich wollte dem Polizisten helfen, indem ich mit ihm zur Polizeistation ging, und er hat mich hier vors Gericht° gebracht."

Zweiter Fall:

„Herr Richter, " sagte der ältere von zwei Männern, die angeklagt waren, eine Handtasche gestohlen zu haben, „mein Nachbar und ich sind unschuldig. Die Frau hat sich geirrt.° Mein Freund und ich gingen die Straße entlang, und diese Frau ging vor uns her. Plötzlich drehte sie sich um und fing an, uns mit der Handtasche zu schlagen. Wir mußten uns verteidigen.° Darum habe ich ihre Tasche festgehalten. Sie fing an zu schreien. Da wir die Leute, die schliefen, nicht aufwecken wollten, sind wir davongerannt. In diesem Moment sahen wir den Polizisten. Wir sind zu ihm hingegangen und haben ihn um Schutz gebeten. Darum sind wir hier vor Gericht. Um zu zeigen, daß wir ehrlich sind, sind wir beide bereit,° das Geld zurückzugeben, das auf den Boden fiel, als die Frau uns schlug."

**zertrümmertes** smashed to bits

**Auslage** window display

**unehrliche** dishonest

**beschloß** decided

**entgegengesetzten Richtung** in the opposite direction

**Gericht** court

**hat sich geirrt** made a mistake

**uns verteidigen** defend ourselves

**bereit** ready

## ZUM VERSTÄNDNIS

**A.** Numeriere die folgenden Sätze in chronologischer Folge.

Erster Fall:

**a.** ________ Der Angeklagte will das Paket zur Polizei bringen.
**b.** ________ Der Angeklagte folgt dem Polizisten.
**c.** ________ Der Angeklagte sieht ein kaputtes Schaufenster.
**d.** ________ Der Polizist hat ihn vors Gericht gebracht.
**e.** ________ Der Angeklagte geht um drei Uhr morgens auf der Straße spazieren.
**f.** ________ Der Angeklagte sagt, er hat das Radio nicht gestohlen.
**g.** ________ Er sagt, daß er unschuldig ist.

Zweiter Fall:

**a.** ________ Die Angeklagten mußten sich gegen eine Frau verteidigen.
**b.** ________ Sie sagen, sie sind ehrlich und wollen das Geld zurückgeben.
**c.** ________ Sie rannten davon, als die Frau zu schreien anfing.
**d.** ________ Sie wollten die schlafenden Leute nicht aufwecken.
**e.** ________ Die Angeklagten sagen, sie sind unschuldig.

**B.** Beantworte die folgenden Fragen in ganzen Sätzen.

1. Was ist die Anklage im ersten Fall?
2. Um wieviel Uhr ging der Mann die Straße entlang?
3. Was hat er aus der Auslage genommen?
4. Warum, sagt er, hat er es mitgenommen?
5. Wer hat ihn vors Gericht gebracht?
6. Was ist die Anklage im zweiten Fall?
7. Wer schreit in dieser Geschichte?
8. Was behauptet der Mann von der Frau?

**C.** Und du?

1. Was hältst du von den Angeklagten in den beiden Geschichten?
2. Sind sie gute Lügner? Warum?
3. Warum sind die Geschichten komisch?
4. Erinnern dich diese Geschichten an die Ausrede „Der Hund hat meine Hausaufgaben gefressen"? Warum?
5. Kennst du das Märchen der Brüder Grimm „Der Meisterdieb"?

## WÖRTER UND AUSDRÜCKE

**A. Antonyms:** Match the words and expressions that have the opposite meaning.

| | |
|---|---|
| **1.** schuldig | **a.** aufhören |
| **2.** verwirrt | **b.** bitten |
| **3.** morgens | **c.** rechts |
| **4.** älter | **d.** unehrlich |
| **5.** danken | **e.** jünger |
| **6.** ehrlich | **f.** abends |
| **7.** links | **g.** unschuldig |
| **8.** anfangen | **h.** klar im Kopf |

**B. Complete** the following sentences using the words given below.

1. Siehst du das kaputte Schaufenster? Jemand hat es _________.
2. In einer fremden Stadt ist man manchmal _________.
3. Bist du vor einer Prüfung meistens _________?
4. Ein Lügner ist ein _________ Mensch.
5. Die Diebe sind _________, das Geld zurückzugeben.
6. Wir sollten _________ einbiegen, aber wir sind in der entgegengesetzten Richtung gefahren.

| | | |
|---|---|---|
| aufgeregt | rechts | verwirrt |
| bereit | unehrlicher | zertrümmert |

## VERBEN

**A. Express** the following sentences in the perfect. You will be using only irregular verbs.

1. Was stehlen die Diebe?
2. Die Frau schreit laut.
3. Was fällt aus der Handtasche?
4. Wir beschließen, uns zu beschweren.
5. Schlägt die Frau die Diebe?
6. Die Polizei hält die Diebe auf.

**B. Complete** the following sentences in the perfect. You will be using the reflexive verbs given in parentheses. All are regular verbs.

1. Wir _________ nicht _________. *(sich irren)*
2. Ihr _________. *(sich irren)*
3. Die Frau _________. *(sich irren)*
4. Alle Leute _________. *(sich umdrehen)*
5. Du _________ immer _________. *(sich verteidigen)*

## STRUKTUREN

**A. Express** the following sentences in the future.

EXAMPLE: *Ich schreibe dir einen Brief.*
*Ich werde dir einen Brief schreiben.*

1. Er fährt heute in die Stadt.
2. Wir sehen euch heute Abend.
3. Sie kaufen ein neues Haus.
4. Ich lese dieses Buch bestimmt.
5. Du machst das nicht.
6. Ihr seht sie morgen.

**B. Complete** the following sentences using the adjectives given in parentheses. All of them are past participles used as adjectives and require the usual adjective endings.

1. Hast du das _________ Schaufenster gesehen? *(zertrümmert)*
2. Der _________ Mann lief in der falschen Richtung. *(verwirrt)*
3. Die _________ Frau schrie um Hilfe. *(aufgeregt)*
4. Die _________ Männer verteidigten sich. *(angeklagt)*
5. Das ist ein _________ Radio. *(gestohlen)*
6. Hast du deinen _________ Hausschlüssel gefunden? *(verloren)*
7. Die _________ Reise findet im Mai statt. *(geplant)*
8. Das ist ein sehr _________ Mensch. *(aufgeregt)*

# 26.
# Schuldig oder unschuldig? (Zweiter Teil)

VOR DEM LESEN: ***Was hältst du von einem Richter, der die Schuldigen freiläßt und die Unschuldigen ins Gefängnis° schickt? Glaubst du, daß das oft passiert?***

**Gefängnis** prison

Dritter Fall:

„Herr Richter, ich bin kein Dieb, und ich habe diese Juwelen noch nie im Leben gesehen! Ein Fremder ist auf der Straße auf mich zugekommen und hat mir gesagt, daß ich sehr ehrlich aussehe. Er hat mir ein Päckchen gegeben und gesagt, ich soll es in meine Tasche stecken, weil er in seiner ein Loch hat. Er war unterwegs zum Schneider,° um seine Tasche flicken zu lassen,° und er versprach, in zehn Minuten zurück zu sein."

„Ich habe alles geglaubt, was er mir gesagt hat. Er gab mir das Paket, und dann ging er weg.

„Nach ein paar Minuten kamen einige meiner Freunde vorbei und sagten, ich sollte das Paket aufmachen. Sie wollten sehen, was darin war.

„Also sind wir in das leerstehende° Gebäude gegangen, und waren gerade dabei, das Paket aufzumachen, als die Juwelen herausfielen. Genau in dem Augenblick kam die Polizei und brachte mich vor Gericht."

**Schneider** tailor
**Tasche flicken zu lassen** have the pocket mended
**leerstehende** vacant

Vierter Fall

„Ich bin schuldig," sagte der nächste Mann, „mit der Regierung° in Konkurrenz zu stehen. Ich mache Geld, das ich um viel weniger verkaufe, als die Regierung ihr Geld verkauft. Aus Patriotismus werde ich diese Arbeit aufgeben und mich um etwas Ehrlicheres umschauen."

Nachdem er die Aussagen° der vier Männer gehört hatte, sprach der Richter das folgende Urteil° aus: „Die ersten drei Männer verurteile° ich zu sechs Monaten Gefängnis. Und dem letzten Mann erlasse° ich die Strafe. Der letzte Mann ist freigesprochen, und kann gehen."

„Aber Herr Richter," sagte der Staatsanwalt,° „Warum haben Sie diesen Mann freigelassen? Er hat auch ein Verbrechen° begangen. Er war auch schuldig, oder?"

„Sie haben recht, Herr Staatsanwalt. Dieser Mann ist schuldig. Aber wenn ich ihn ins Gefängnis schicke, werden sich alle Unschuldigen beschweren. Sie wollen nicht mit einem Verbrecher leben. Deshalb habe ich ihn laufen lassen."

**Regierung** government
**Aussagen** statements
**Urteil** judgement, sentence
**verurteile** sentence
**erlasse** waive
**Staatsanwalt** district attorney
**Verbrechen** crime

## ZUM VERSTÄNDNIS

**A.** Beantworte die folgenden Fragen in ganzen Sätzen.

1. Wie erklärt der Dieb im dritten Fall, daß er Juwelen hat?
2. Wer hat ihm die Juwelen angeblich gegeben?
3. Was machte er gerade, als die Polizei ihn entdeckte?
4. Wo war er?
5. Was sagt dert Mann im vierten und letzten Fall?
6. Wen verurteilt der Richter, und wen spricht er frei?
7. Was sagt der Staatsanwalt zum Richter?
8. Wie antwortet ihm der Richter?

**B.** Und du?

1. Ist dieser Richter logisch? Warum?
2. Glaubst du. daß die meisten Richter versuchen, gerecht zu sein?
3. Möchtest du Rechtsanwalt werden?
4. Kannst du einen Richter nennen, der vor vielen tausend Jahren ein sehr weises Urteil gesprochen hat?
5. In was für einem Streit mußte er urteilen?
6. Was war sein Urteil?

## WÖRTER UND AUSDRÜCKE

**A.** Match the phrases on the left with those on the right to make complete sentences.

1. Die Frau sagte,
2. Ich habe ein Loch
3. In dieser Stadt
4. Ich verspreche dir,
5. Der Richter verurteilt
6. Meine Freundin ging an mir vorbei

a. die Diebe zu zwölf Monaten Gefängnis.
b. und sah mich nicht.
c. in zwanzig Minuten zurück zu sein.
d. daß ich ehrlich aussehe.
e. in meiner Manteltasche.
f. gibt es viele leerstehende Gebäude.

**B. Complete** the following sentences using the words given below.

1. Du siehst _________ aus.
2. Die Kinder sind _________ zur Schule.
3. Wann kommt hier der _________ Autobus?
4. Was _________ von diesem Wetter?
5. Ich muß meine Schuhe _________ lassen.
6. Ist der Angeklagte _________?

| | | |
|---|---|---|
| ehrlich | halten Sie | schuldig |
| flicken | nächste | unterwegs |

## VERBEN

**A. Match** the verb forms on the left (which are in the present) with those on the right (which are in the imperfect). Some of the verbs on the right are used more than once. Then add the appropriate personal pronouns.

| | |
|---|---|
| **1.** bin | **a.** warst |
| **2.** bist | **b.** war |
| **3.** ist | **c.** waren |
| **4.** sind | **d.** wart |
| **5.** seid | **e.** hatte |
| **6.** habe | **f.** hattest |
| **7.** hast | **g.** hattet |
| **8.** hat | **h.** hatten |
| **9.** haben | |
| **10.** habt | |

**B. Complete** the following sentences using the pluperfect of the verbs in parentheses. You will be using the auxiliary *sein* or *haben*, depending on the verb.

1. Er _________ mit dem Frühzug _________. *(ankommen)*
2. Wir _________ früh zu Abend _________. *(essen)*
3. Emma _________ uns schon am Morgen _________. *(anrufen)*
4. Du _________ in die Stadt _________. *(fahren)*

5. Vor dem Wochenende _________ ich überhaupt keine Zeit _________. *(haben)*
6. Ihr _________ schon ins Kino _________. *(gehen)*
7. Ich _________ schon am Tag vorher einkaufen _________. *(sein)*
8. Du _________ schon _________. *(singen)*
9. Die Kinder _________ schon eine Woche früher _________. *(fliegen)*

## STRUKTUREN

**Complete** the following sentences using the appropriate forms of *lassen*. When a time expression indicates the past, use the imperfect.

1. Er _________ sich morgen die Haare schneiden.
2. Ich _________ mir die Haare waschen.
3. Wir _________ unser Auto von dir reparieren.
4. _________ du heute dein Auto waschen?
5. _________ ihr heute euer Klavier stimmen?
6. Gestern _________ er sich gar nicht sehen.
7. Vor einem Jahr _________ sich die Schmidts ein riesiges Haus bauen.
8. Für meine Hochzeit letzten Mai _________ ich mir ein wunderschönes Brautkleid nähen.

# 27.
# Am Internet

VOR DEM LESEN: ***Was weißt du über Computer? Kennst du dich aus mit Computern? Wie wichtig sind für dich die Computer?***

Karin, eine junge Schülerin, wird das nächste Schuljahr in Deutschland verbringen. Vor ihrer Abreise sagt ihre Freundin Monika zu ihr:

„Zum Glück leben wir im Kommunikationszeitalter. Wir brauchen nicht darauf zu warten, daß uns die Post unsere Briefe liefert, und wir bekommen keine riesigen Rechnungen für Ferngespräche.° Wir können

**Ferngespräche** long distance calls

durch E-mail in Verbindung bleiben.° Sicher ist die Familie, bei der du wohnen wirst, am Internet. Fast alle Leute sind das heutzutage!"

„Ach, Monika," erwidert Karin, „du weißt, wie ich mit Computern bin. Ich bin andauernd nervös, daß ich ein Programm auslösche,° oder daß der Computer einen Virus bekommt. Ich weiß auch nicht einmal, wie man das Internet benützt."

„Schau, Karin," sagt Monika, „nachdem du den Computer angestellt hast, mußt du mit der Maus doppelklicken: erst auf dem Telefonsymbol, und dann auf dem Navigator. Dann schreibst du deinen Brief, und ganz zuletzt schickst° du ihn ab, indem du nochmal klickst. Das ist alles."

Nachdem sie in Freiburg angekommen ist, möchte Karin ihrer Freundin gern ein E-mail schicken. Aber sie ist ein bißchen nervös, und hat Angst, daß mit dem Computer etwas schiefgehen könnte.° Um weniger nervös zu sein, zündet° sie eine Duftkerze an. Dann setzt sie sich an den Computer und befolgt Monikas Anweisungen genau. Alles geht genau so, wie es ihr Monika gesagt hat, aber plötzlich wird der Computerschirm° schwarz. Karin drückt auf eine Taste nach der andern, aber er bleibt schwarz. Voll Angst nimmt sie ihr Handi° und ruft ihre Freundin an. Monika versucht, sie zu beruhigen,° und gibt ihr weitere Anweisungen. Doch Karin sagt:

„Es passiert überhaupt nichts!"

„Prüf die Kabel° nach, ob sich keins davon gelockert° hat," sagt Monika.

„Das kann ich nicht. Ich kann ja nichts sehen," antwortet Karin.

„Was? Du kannst nichts sehen?" fragt Monika.

„Naja," sagt Karin, „ich kann fast nichts sehen. Ich habe nämlich nur Kerzenlicht, denn seit einer Weile haben wir im ganzen Haus keinen Strom!"°

**in Verbindung bleiben** to stay in touch

**auslösche** erase

**schickst . . . ab** send

**schiefgehen könnte** could go wrong

**zündet eine Duftkerze an** lights a scented candle

**Computerschirm** computer screen

**Handi** cell phone

**beruhigen** calm

**Kabel** *(electric)* connection

**sich gelockert** got loose

**Strom** electricity

## ZUM VERSTÄNDNIS

**A.** Wähle den Ausdruck, der jeden Satz am besten ergänzt.

**1.** Karin ist
- **a.** Lehrerin.
- **b.** Deutsche.
- **c.** Monikas Freundin.
- **d.** Monikas Schwester.

**2.** Monika und Karin werden sich
- **a.** per Ferngespräch verständigen können.
- **b.** per Internet verständigen können.
- **c.** per Luftpost verständigen können.
- **d.** per Handi verständigen können.

**3.** Karin sagt, daß sie
- **a.** genau weiß, wie man das Internet benützt.
- **b.** das Internet gut benützen kann.
- **c.** ein bißchen über das Internet weiß.
- **d.** nicht weiß, wie man das Internet benützt.

**4.** Monika erklärt Karin, wie man
- **a.** das E-mail benützt.
- **b.** den Virus benützt.
- **c.** den Bildschirm benützt.
- **d.** die harte Platte benützt.

**5.** Der Bildschirm des Computers hat sich verdunkelt, weil
- **a.** der Computer kaputtgegangen ist.
- **b.** Karin eine therapeutische Kerze angezündet hat.
- **c.** im ganzen Haus das Licht ausgegangen ist.
- **d.** Karin die Kabelanschlüsse nicht nachgeprüft hat.?

**B.** Beantworte die folgenden Fragen in ganzen Sätzen.

**1.** Wohin fährt Karin?
**2.** Wer ist Monika?
**3.** Wie nennt man das Zeitalter, in dem wir leben?
**4.** Inwiefern ist das Internet besser als Luftpost?
**5.** Warum machen Computer Karin nervös?
**6.** Wie oft muß man auf das E-mail-Symbol klicken, damit es funktioniert?
**7.** Was zündet Karin an, damit sie sich entspannen kann?
**8.** Warum bleibt Karins Computerschirm schwarz?

**C.** Und du?

1. Benützt du oft einen Computer? Wozu?
2. Wirst du nervös, wenn du einen Computer siehst? Warum?
3. Warum sind Handis so beliebt?
4. Was hast du lieber, um mit deinen Freunden in Verbindung zu sein—das Internet, oder ein Handi? Warum?
5. Wie gefällt dir der Gedanke, ein Schuljahr in Deutschland zu verbringen?
6. Kennst du jemanden, der im Ausland wohnt? Wen?
7. Wann war das letzte Mal, daß im ganzen Haus das Licht ausgegangen ist?
8. Wann warst du das letzte Mal in einem anderen Staat, oder im Ausland? Wo warst du?

## WÖRTER UND AUSDRÜCKE

**A. Match** the cognates on the left with their English counterparts on the right. Provide the definite article for the nouns.

| | |
|---|---|
| **1.** Programm | **a.** nervous |
| **2.** Kommunikation | **b.** comical |
| **3.** nervös | **c.** program |
| **4.** therapeutisch | **d.** electronic |
| **5.** elektronisch | **e.** communication |
| **6.** komisch | **f.** therapeutic |

**B. Match** the phrases on the left with those on the right to make complete sentences.

| | |
|---|---|
| **1.** Monikas Freundin geht | **a.** kann man den Computer nicht benützen. |
| **2.** Karin kennt sich | **b.** dauert ziemlich lang. |
| **3.** E-mail ist viel billiger | **c.** mit Computern nicht gut aus. |
| **4.** Mit E-mail ist man | **d.** sofort in Verbindung. |
| **5.** Die Schneckenpost | **e.** für ein Jahr nach Deutschland. |
| **6.** Ohne Strom | **f.** als telefonieren. |

## VERBEN

**Complete** the following sentences using the verbs and tenses in parentheses. You will be using verbs with separable as well as inseparable prefixes.

**1.** _________ du _________ mit Computern _________? *(sich auskennen/present)*

**2.** _________ _________ vielleicht ein Kabel _________? *(sich lockern/perfect)*

**3.** Hoffentlich _________ ihr _________ _________! *(sich entspannen/perfect)*

**4.** _________ Sie _________ im Urlaub _________? *(sich entspannen/future)*

**5.** Wir _________ _________ in der Stadt nicht _________. *(sich auskennen/perfect)*

**6.** _________ ihr _________ hier _________? *(sich auskennen/present)*

**7.** _________ du die Kabel _________? *(prüfen/perfect)*

**8.** _________ du den Brief heute _________? *(abschicken/future)*

**9.** Sie _________ oft gern eine Duftkerze _________. *(anzünden/present)*

**10.** Hoffentlich _________ mit dem Computer nichts _________. *(schiefgehen/present)*

**11.** Karin, wann _________ du in Freiburg _________? *(ankommen/perfect)*

**12.** Wir _________ immer alle Anweisungen _________. *(befolgen/perfect)*

## STRUKTUREN

**A. Complete** the following sentences by changing the sentence in parentheses to a dependent clause.

EXAMPLE: *Das ist eine Stadt. (Ich kenne sie.)*
*Das ist eine Stadt, die ich kenne.*

| | |
|---|---|
| **1.** Das ist der Mann. | *(Er hilft mir.)* |
| **2.** Hier ist der Computer. | *(Ich benütze ihn.)* |
| **3.** Das ist die Kerze. | *(Sie duftet so gut.)* |
| **4.** Hier wohnt die Frau. | *(Ich helfe ihr.)* |
| **5.** Das ist die Dame. | *(Die Katze gehört ihr.)* |
| **6.** Dort ist der Herr. | *(Der Hund gehört ihm.)* |

**B. Combine** the following sentence pairs by changing the first sentence into a dependent clause. You will be using the conjunction *nachdem*. As you can see, there are two possible answers for each pair.

EXAMPLE: *Es hat geregnet. Alles war naß. (nachdem)*
*Alles war naß, nachdem es geregnet hatte.*
*Nachdem es geregnet hatte, war alles naß.*

**1.** Er hat gekocht. *(Er ging spazieren.)*
**2.** Sie haben gelernt. *(Sie spielten im Garten.)*
**3.** Ich bin eingeschlafen. *(Das Gewitter weckte mich auf.)*
**4.** Wir sind weggegangen. *(Meine Freundin rief an.)*

# German-English Vocabulary

Entries for verbs include the following information: vowel change in present; vowel change in imperfect and perfect of irregular verbs; *sich* for reflexive verbs; *(sein)* for verbs taking this auxiliary to form the perfect.

**A**

**ab-fahren (ä, u, a) (sein)** to leave (*by car or train*)
**abgeschlossen: ab-schließen (o, o)** to lock
**ab-hauen (sein)** to take off
**ab-holen** to pick up
**Abreise** *(f.)* departure
**ab-schicken** to send, mail
**ab-stellen** to put away (*a bike or car*); to turn off
**Allee** *(f.)* avenue
**allerlei** all kinds of
**alltäglich** daily; customary
**Alpenländer** *(m.)* inhabitant of a country in the Alps
**Alphorn** *(n.)* alphorn
**Alptraum** *(m.)* nightmare
**alt** old
**an-bieten (o, o)** to offer
**Anblick** *(m.)* sight
**andauernd** constantly
**Anführungszeichen** *(n.)* quotation mark
**Angeklagter** *(m.)* accused
**angeln** to fish
**Angst haben** to be afraid
**an-hören, sich** to listen (to)
**an-kommen (a, o) (sein)** to arrive
**an-lügen** to lie to
**an-rufen (ie, u)** to call, phone
**an-schauen** to look at
**anscheinend** apparently
**Ansichtssache** *(f.)* matter of opinion
**anständig** decent
**an-stellen** to turn on
**anstrengend** strenuous
**Anstrengung** *(f.)* effort
**Anteil nehmen (i, a, o)** to take an interest in
**antworten** to answer
**Anweisungen** *(pl.)* directions
**an-ziehen (o, o)** to attract
**an-ziehen, sich (o, o)** to get dressed
**an-zünden** to light
**Apotheke** *(f.)* pharmacy
**Arbeitstag** *(m.)* workday
**ärgerlich** annoyed; annoying
**ärgern, sich** to be annoyed, become aggravated
**Art** *(f.)* kind, sort
**Arzt** *(m.)* physician
**Ärztin** *(f.)* physician
**aß: essen (i, a, e)** to eat
**atmen** to breathe
**auf einmal** at the same time, all at once
**auf** on, on top of; onto
**auf-bringen (a, a)** to get open
**Aufforderung** *(f.)* invitation
**Aufgabe** *(f.)* assignment
**Aufgaben** *(pl.)* homework
**aufgeregt** excited; upset
**auf-halten (ä, ie, a)** to stop (*someone*), keep someone from continuing
**auf-heben (o, o)** to pick up; to keep *(as a keepsake)*
**auf-hören** to stop
**auf-laden (u, a)** to load
**auf-machen** to open
**auf-passen** to watch, keep a watch
**Aufschrift** *(f.)* inscription
**auf-stehen (a, a,) (sein)** to get up (*from sleep*), to stand up
**auf-wachen** to wake up
**auf-zeigen** to raise a hand in order to ask a question
**aus der Fassung bringen (a, a)** to upset, break someone's composure
**Ausdruck** *(m.)* expression
**Ausdrücke** *(pl.)* expressions, idioms

**aus-geben (i, a, e)** to spend (*money*)
**aus-gehen (i, a) (sein)** to go out, to end
**wie geht die Geschichte aus?** how does the story end?
**ausgezeichnet** excellent
**aus-halten (ä, ie, a)** to stand, endure
**aus-kennen, sich** to be knowledgeable about; know one's way
**aus-kommen mit (a, o) (sein)** to get along with
**Auskunft** *(f.)* information
**Auslage** *(f.)* store window display
**Ausland** *(n.)* foreign country, abroad
**aus-leihen (ie, ie)** to borrow
**aus-löschen** to erase, put out
**aus-packen** to unpack
**Ausrede** *(f.)* excuse, poor excuse
**aus-ruhen, sich** to rest
**Aussage** *(f.)* statement
**aus-sehen (ie, a, e)** to look like
**außer** except for, beside, other than
**außerdem** besides
**außergewöhnlich** extraordinary
**Aussicht** *(f.)* view
**aus-trinken (a, u)** to drink up
**aus-weichen (i, i) (sein)** to avoid
**Ausweis** *(m.)* identification, ID card
**Autobus** *(m.)* bus

## B

**baden** to bathe; swim
**Bahnsteig** *(m.)* train platform
**bald** soon
**Balkon** *(m.)* balcony
**Bauchweh** *(n.)* stomach ache
**Baum** *(m.)* tree
**Baustoffgeschäft** *(n.)* store for building materials
**Beamtin** *(f.)* female official
**beantworten** to answer
**bedanken, sich** to thank
**Bedenken** *(pl.)* qualms
**Bedeutung** *(f.)* meaning, significance
**bedienen** to help, serve
**beenden** to end, finish
**begegnen (sein)** to meet, encounter, run into
**begehen (i, a)** to commit
**Beginn** *(m.)* beginning
**begleiten** to accompany
**behalten (ä, ie, a)** to keep
**behandeln** to treat
**Beharrlichkeit** *(f.)* perserverance
**behaupten** to claim, assert
**beinah(e)** almost
**Beispiel** *(n.)* example
**bekommen (a, o)** to receive, get
**belästigen** to bother
**beliebt** popular
**bellen** to bark
**Belohnung** *(f.)* reward
**bemerken** to notice
**benehmen, sich (i, a, o)** to behave
**benommen** groggy
**benützen** to use
**Benzin** *(n.)* gasoline
**bequem** comfortable
**berechtigt** justified
**bereit** ready
**Bergsteigen** *(n.)* mountain climbing
**Beruf** profession, occupation
**beruhigen** to calm
**beschäftigt** busy
**beschlossen: beschließen (o, o)** to decide
**beschreiben (ie, ie)** to describe
**beschützen** to protect
**beschweren** to burden
**beschweren, sich** to complain
**beschwerlich** difficult
**Besen** *(m.)* broom
**Besitz** *(m.)* possession
**Besitzerin** *(f.)* owner
**besprechen (i, a, o)** to discuss
**bestimmt** for sure, certainly
**Besuch** *(m.)* visit
**Betrag** *(m.)* amount
**betrügen (o, o)** to deceive
**bewahren** to keep
**Bewegung** *(f.)* movement, motion
**sich Bewegung machen** to exercise
**bewundern** to admire
**Bezeichnung** *(f.)* name (*for an object*), designation
**Bibliothek** *(f.)* library
**Bildschirm** *(m.)* monitor, screen (*of computer, TV*)
**billig** cheap, inexpensive
**Birne** *(f.)* pear
**bitten (a, e)** to ask for, request
**bleiben (ie, ie) (sein)** to remain, stay
**blitzblank** bright and shiny, spick and span
**blöd** stupid, silly

**bloß-stellen** to embarrass
**Blumenkasten** *(m.)* flower box, window box
**Boden** *(m.)* ground; floor
**böse sein mit** to be angry at
**bot an: an-bieten (o, o)** to offer
**brauchen** to need
**Brautkleid** *(n.)* wedding gown
**brav** good, well-behaved
**breit** wide, broad
**Brieffreund** *(m.)* pen pal
**Brücke** *(f.)* bridge
**Bub** *(m.)* boy *(coll. Austria)*
**bummeln (sein)** to stroll
**buntblühend** blooming in many colors
**Büro** *(n.)* office

**C**

**Charakter** *(m.)* personality, moral character
**chinesisch** Chinese
**Computerschirm** *(m.)* computer screen, monitor
**Coq au Vin** chicken cooked in wine (*French*)

**D**

**da gibt es gar nichts** there is no other way
**Dach** *(n.)* roof
**daheim** at home
**damit** so that
**daneben** next to, beside; alongside
**darauf aus sein** to be eager to, aiming for
**darum** that's why, because
**da-stehen (a, a) (sein)** to stand there
**dauern** to last, take (*in terms of time*)
  **wie lange wird es dauern, bis . . .** how long will it be until . . .
**dauernd** constantly
**davon-rennen (sein)** to run away
**deshalb** therefore, because of that
**deutlich** clearly
**die Stellung wechseln** to change jobs
Dieb *(m.)* thief
**Diebstahl** *(m.)* theft
**dies** this
**doch** but
**Donau** *(f.)* Danube
**Dorf** *(n.)* village
**Dorfbewohner** *(m.)* inhabitant of the village
**dort drüben** over there
**draußen** outside
**Duftkerze** *(f.)* scented candle
**Dunkelheit** *(f.)* darkness

**E**

**Ecke** *(f.)* corner
**ehemalig** former
**Ehemann** *(m.)* husband
**Ehre** *(f.)* honor
**ehrgeizig** ambitious
**Ei** *(n.)* egg
**eigen** own
**Eigentümer** *(m.)* owner
**Eile** *(f.)* hurry
**eilen** to hurry
**ein-biegen (o, o) (sein)** turn onto a street or driveway
**Eindruck** *(m.)* impression
**Einfall** *(m.)* idea, brainstorm
**ein-fallen (ä, ie, a)** to have an idea, have something occur to you
**ein-holen** to catch up with
**ein-laden (ä, u, a)** to invite
**Einladung** *(f.)* invitation
**Einrichtung** *(f.)* institution
**ein-sammeln** to gather up
**ein-schlafen (ä, ie, a) (sein)** to fall asleep
**ein-treten (i, a, e) (sein)** occur
**Einwohner** *(m.)* inhabitant
**einzig** single
**eisern** made of iron
**endlich** finally, at last
**eng** narrow
**entdecken** to discover
**entgegen** towards
**entgegen-laufen (sein)** to run to meet
**entgegengesetzte Richtung** *(f.)* opposite direction
**enthalten (ä, ie, a)** to contain
**entlang gehen (i, a) (sein)** to walk along
**entschuldigen Sie!** excuse me!
**entschuldigen, sich** to excuse oneself; say one is sorry
**entspannen, sich** to relax
**entsprechend** respective
**entspringen (a,u) (sein)** to rise, have its source (*of rivers*); arise

**entweder . . . oder** either . . . or
**erblicken** to see, catch sight of
**ereignen, sich** to happen
**ereignisreich** eventful
**erfahren (ä, u,a)** to learn of; experience
**erfolgreich** successful
**Erforschung** *(f.)* investigation, research
**Erfrischung** *(f.)* refreshment
**ergänzen** to complement
**erhalten (ä, ie, a)** to receive, get; maintain
**erheben, (o, o) sich** to rise
**erinnern** to remind
**erinnern, sich** to remember
**erkennen (a, a)** to recognize, realize
**erklären** to explain
**erlassen (ä, ie, a)** to waive
**erlauben** to allow
**erreichen** to reach
**erschöpft** exhausted
**erstaunlich** amazing, astonishing
**erstaunt** amazed, astonished
**ertragen (ä, u, a)** to tolerate, stand
**erwarten** to expect
**erwidern** to answer, respond
**es fällt mir leicht** it is easy for me
**es geht nicht in . . .** it doesn't fit into . . .
**etwas** something
**etwas Ähnliches** something similar, anything like
**etwas Außerordentliches** something extraordinary
**etwas satt haben** to be tired of something

### F

**fabelhaft** fabulous
**Fach** *(n.)* field (*of knowledge*)
**Fähigkeit** *(f.)* ability
  **sportliche Fähigkeiten** athletic abilities
**fahren (ä, u, a)** to ride; drive; travel
**Fall** *(m.)* case
**fallen lassen (ä, ie, a)** to drop, let fall
**falsch** false, wrong
**Farbe** *(f.)* color
**Färben** *(n.)* *(the process of)* coloring, dying
**Fassade** *(f.)* façade
**fast** almost
**Fehler** *(m.)* mistake
**feiern** to celebrate
**Ferngespräch** *(n.)* long distance call
**Fernseher** *(m.)* television
**fertig** finished, ready
**fertig werden (i, u, o) (sein)** to finish, complete
**fest schlafen (ä, ie, a)** to be fast asleep
**fest-halten (ä, ie, a)** to hold onto
**Feuerwehr** *(f.)* fire department
**Fisch** *(m.)* fish
**Flasche** *(f.)* bottle
**Fleisch** *(n.)* meat
**fleißig** industrious
**flicken** to mend
**fluchen** to curse, rage
**Flugzeug** *(n.)* airplane
**Fluß** *(m.)* river, stream
**Flüssigkeit** *(f.)* liquid
**Folge** *(f.)* sequence
**folgen** to obey, follow
**folgend** following
**fortgeschritten** advanced
**Fortschritt** *(m.)* advance, improvement
**fragen** to ask
**Fragen stellen** to pose questions
**frei-lassen (ä, ie, a)** to let go, let (*someone*) off
**freilich** of course, naturally
**frei-sprechen (i, a, o)** to exonerate, pronounce innocent
**Freiwillige** *(pl.)* volunteers
**fremd** strange, from another country, alien
**Fremde(r) (f. & m.)** stranger, one who is not from here
**Fremdsprache** *(f.)* foreign language
**fressen (i, a, e)** to eat (*of animals*); eat like an animal, gorge oneself
**friedlich** peaceful
**frißt: fressen (i, a, e)** to eat (*of animals*); eat like an animal, gorge oneself
**früh** early; in the morning, a.m.
**Frühstück** *(n.)* breakfast
**Fünfer** a five (*failing grade on a scale of one to five*)
**funktionieren** to function, work
**für** for
**fürchten** to fear (*someone or something*)

**fürchten, sich** to have fear, be afraid of
**Fußgängerzone** *(f.)* pedestrian zone
**füttern** to feed

### G

**ganz** complete, whole; completely, wholly, totally; quite
**Gebäude** *(n.)* building
**geben (i, a, e)** to give
**gebeten: bitten (a, e)** to ask for, request
**gebrauchen** to use, make use of
**Gedanke** *(m.)* thought
**geduldig** patient
**gefährlich** dangereous
**gefallen (ä, ie, a)** to please, appeal
**es gefällt mir** I like it, it pleases me, it appeals to me
**Gefängnis** *(n.)* prison
**gefrieren (o, o)** to freeze
**gegen** toward, about; against
**Gegenstand** *(m.)* subject, subject matter; academic subject
**Geheimnis** *(n.)* secret
**gehen (i, a) (sein)** to walk, to go on foot; go (*to school, for instance*)
**vor jemand her-gehen (i, a)** to walk in front of or ahead of someone
**Gehsteig** *(m.)* sidewalk
**Geige** *(f.)* violin
**Geld** *(n.)* money
**Geldschein** *(m.)* bill *(currency)*, paper money
**Gelegenheit** *(f.)* opportunity
**gelingen (a, u) (sein)** to succeed, be successful in
**es gelingt mir, das zu tun** I am successful in doing that
**Gemeinde** *(f.)* community
**gemeinsam** together, in common
**gemütlich** comfortable; comfortably
**genau** exact, precise; exactly
**Genie** *(n.)* genius
**genießen (o, o)** to enjoy
**Gepäck** *(n.)* baggage
**gerade** just
**Geräusch** *(n.)* sound; noise
**gerecht** just, fair
**Gericht** *(n.)* court *(of law)*; dish (*of food*)
**gern** gladly
**Geschäft** *(n.)* business; store, shop
**Geschäftsfrau** *(f.)* businesswoman
**geschehen (ie, a, e) (sein)** to happen, occur
**gescheit** smart, intelligent
**Geschenk** *(n.)* gift, present
**Geschirr** *(n.)* dishes, china
**geschmackvoll** in good taste
**geschnitten: schneiden (i, i)** to cut
**geschwind** fast
**Geschwindigkeit** *(f.)* speed
**gestern** yesterday
**gestohlen: stehlen (ie, a, o)** to steal
**Getränke** *(pl.)* beverages
**Gewitter** *(n.)* thunderstorm
**gewöhnlich** usual; usually
**gleich (adj.)** same, like something
**gleich (adv.)** right away, immediately
**gleichen (i, i) , sich** to resemble, resemble each other
**glücklich** happy
**gratulieren** to congratulate
**Grenze** *(f.)* border
**grimmig** vicious
**gründen** to found, start
**gründlich** thorough; thoroughly
**günstig** advantageous
**gut ab-schneiden (i, i)** to do well
**gut aus-sehen (ie, a, e)** to be handsome, good-looking
**gut beisammen sein (sein)** to be well
**Guten Appetit!** (*I wish you*) a good appetite!
**Gymnasium** secondary *(college-preparatory)* school

### H

**haben (hat, hatte, gehabt)** to have
**Hafenstadt** *(f.)* port city, city with a harbor
**Halstuch** *(n.)* kerchief, neckerchief
**halten (ä, ie, a)** to keep; hold
**halten: was hältst du von . . .** what do you think of . . .
**Handi** *(n.)* cell phone
**Handtasche** *(f.)* purse, handbag
**häßlich** ugly
**Haus: nach Hause kommen (a, o)** to come home
**Hausaufgaben (Aufgaben)** *(pl.)* homework

**Hausschuh** *(m.)* houseshoe, slipper
**Haustür** *(f.)* front door, main entrance to a residence
**Heft** *(n.)* notebook *(for school)*
**heim-kommen (a, o) (sein)** to come home
**heiraten** to marry
**heißen (ie, ei)** to be called, named
**heraus-fallen (ä, ie, a) (sein)** to fall out
**heraus-heben (o, o)** to lift out
**heraus-stecken** to stick out
**Herd** *(m.)* stove
**Herr Ober!** Waiter! *(form of address)*
**Herr Richter!** Your Honor!
**herum-rennen (a, a) (sein)** to run around
**Herzanfall** *(m.)* heart attack
**herzlich** sincerely, warmly
**heuer** this year
**heulen** to howl
**hilfsbereit** ready to help, helpful
**Himmel** *(m.)* sky; heaven
**hin** to *(in the direction of)*, from here to there
**hin und her** back and forth, to and fro
**hinaus** *(in the direction of)* out into
**hinaus-hängen** to hang out
**hinein** into
**hinterher** afterwards
**Hintertür** *(f.)* back door
**hinunter** down, downward
**hinunter-schleichen (i, i) (sein)** to sneak down
**hocherhoben** held high
**Hochwasser** *(n.)* flood
**Hochzeit** *(f.)* wedding
**höflich** polite
**Höflichkeitsformel** *(f.)* polite saying
**Hügel** *(m.)* hill
**Huhn, Hühnchen** *(n.)* chicken
**Hund** *(m.)* dog

## I

**ich hätte gern . . .** I would like to have . . .
**ich würde gern** I would like to
**Imbiß** *(m.)* snack
**immer** always
**in den Kochtopf stecken** to stick into the pot
**in den Zwanzigern** in one's twenties
**in Verbindung bleiben (ie, ie) (sein)** to stay in touch
**indem ich . . . verändere** by changing . . .
**Ingenieurfach** *(n.)* engineering *(study of)*
**Inhaber** *(m.)* owner
**Innere** *(n.)* interior
**intelligent** intelligent
**inwiefern** in what way
**irgend jemand** anybody, somebody
**irgendwann** anytime, sometime
**irren, sich** to be wrong, err
**italienisch** Italian

## J

**Jahr** *(n.)* year
**Jahreszeit** *(f.)* season, time of year
**jeder** each, everyone
**jedoch** however
**jemand** somebody
**jener** that one, that
**Juwel** *(n.)* jewel

## K

**Kabel** cable, electric cord
**Kabelanschluß** *(m.)* cable connection, electric connection
**kaputt** broken, kaput
**Kartenschalter** *(m.)* ticket window
**Kasse** *(f.)* cashier, checkout
**Katze** *(f.)* cat
**Kauf** *(m.)* purchase
**Kaufmann** *(m.)* merchant, businessman
**kaum zu glauben** hard to believe
**keine Ahnung!** no idea!
**Kellner** *(m.)* waiter
**Kenntnis** *(f.)* knowledge
**Kerzenlicht** *(n.)* candle light
**Kirche** *(f.)* church
**Kirsche** *(f.)* cherry
**Klammer** *(f.)* parenthesis
**in Klammern** in parentheses
**Klavier** *(n.)* piano
**Klavier stimmen** to tune a piano
**Kleiderladen** *(m.)* clothing store
**Kleidung** *(f.)* clothes, wardrobe
**kleinmütig** despondent
**klopfen** to knock
**klug** clever
**knapp dran sein mit** to be short of
**Kniehose** *(f.)* knickerbockers, knee breeches

**komisch** funny, comical
**kommt gerannt** comes running
**Kommunikationszeitalter** *(n.)* age of communication
**Konkurrent** *(m.)* competitor
**Konkurrenz** *(f.)* competition
**Konto** *(n.)* account
**konzentrieren, sich** to concentrate
**Kopfweh** *(n.)* headache
**Korb** *(m.)* basket
**korrigieren** to correct
**Kreide** *(f.)* chalk
**kriechen (o, o) (sein)** to crawl
**Kritik** *(f.)* review (*of a performance*)
**Kudamm** *(m.)* (*short for*) Kurfürstendamm, famous street in Berlin
**Kugel** *(f.)* ball
**kühl** cool
**Kunde** *(m.)* customer
**Kunden und Kundinnen** *(pl.)* customers
**Künstler** *(m.)* artist
**Kupfer** *(n.)* copper
**Kupferturm** *(m.)* tower or spire with copper roof
**Kuß** *(m.)* kiss

**L**

**Lächeln** *(n.)* smile
**lächeln** to smile
**lächerlich** ridiculous, laughable
**Länge** *(f.)* length
**der Länge nach** one's whole length
**langsam** slow
**Lärm** *(m.)* noise
**lassen: etwas dort lassen** to leave something there
**Lastwagen** *(m.)* truck
**laufen (äu, ie, au) (sein)** to run; walk
**Laune** *(f.)* mood
**läuten** to ring, peal
**leben** to live; reside
**ledern** leather, made of leather
**leerstehend** vacant
**Lehnstuhl** *(m.)* easy chair
**lehren** to teach
**Lehrperson** *(m.)* teacher (*both male and female*)
**Leichenzug** *(m.)* funeral procession
**leicht** easy; light
**leider** unfortunately
**leihen (ie, ie)** to lend
**leise** soft (*not loud*), softly
**leisten** to accomplish, achieve
**leuchten** to shine; illumine
**Leute** *(pl.)* people
**lieb-haben** to love, like
**Liebling** *(m.)* darling
**Lieblingsbeschäftigung** *(f.)* favorite pastime
**Lieblingsziel** *(n.)* favorite destination
**liegen (a, e) (sein)** to lie, be situated
**Loch** *(n.)* hole
**lockern, sich** to get loose
**löschen** to extinguish
**lösen to** solve
**Luftpost** *(f.)* air mail
**Lügner** *(m.)* liar
**Lust** *(f.)* joy; inclination

**M**

**Mahlzeit** *(f.)* mealtime
**mancher Mann** many a man, some men
**manchmal** sometimes
**Matheslehrerin** *(f.)* (*female*) math teacher
**mehrere** several
**meine Liebe** my dear
**Mensch** *(m.)* human being, person
**merken** to notice
**Miene** *(f.)* expression, demeanor
**mißverstehen (a, a)** to misunderstand
**mit** with
**miteinander** together
**Mitglied** *(n.)* member
**Mitschüler** *(m.)* classmate
**Mittel** *(n.)* remedy
**mittelalterliche Festung** *(f.)* medieval fortress
**mittelmäßig** mediocre
**mittlerweile** meanwhile
**Möbel** *(pl.)* furniture
**Möbelstück** *(n.)* piece of furniture
**morgens** in the morning (*habitually*)
**Motorrad** *(n.)* motor cycle
**Motorroller** *(m.)* motor scooter
**müde** tired
**mutig** courageous

**N**

**nach-ahmen** to imitate
**Nachbar** *(m.)* neighbor
**nachdem** after

**nach-denken (-dachte, -gedacht)** to reflect, think about, ponder
**nachmittags** in the afternoon *(habitually)*
**nach-prüfen** to check, examine for flaws
**nächste** next
**Nachtwächter** *(m.)* night watchman
**Nähe** *(f.)* proximity, vicinity
**in der Nähe** nearby, close by
**nähen** to sew
**näher kommen (sein)** to approach
**namens** by the name of
**nämlich** namely
**naß** wet
**nennen (nannte, genannt)** to name, call
**neulich** the other day, recently
**nicht daß ich wüßte** not that I'm aware of
**nicht wahr?** right?, isn't it?, aren't you?, aren't they?, etc.
**nieder-legen** to put down
**niedrig** low
**nirgends** nowhere
**Not** *(f.)* need, distress
**Notfall** *(m.)* emergency
**nötig** necessary
**Notwendigkeit** *(f.)* necessity
**numeriert** numbered

## O

**öffnen** to open
**ohne** without
**Opfer** *(n.)* victim
**Österreich** *(n.)* Austria

## P

**Paket** *(n.)* package
**Panne** *(f.)* flat tire
**Papagei** *(m.)* parrot
**Paß** *(m.)* passport
**passen: zu etwas passen** to go together, match *(articles of clothing)*
**passend** suitable, fitting
**passieren (sein)** to happen
**patschnaß** soaking wet
**per** with, by means of *(car, bus)*
**Pfanne** *(f.)* frying pan
**Pflanze** *(f.)* plant
**Pflaster** *(n.)* pavement
**Pfote** *(f.)* paw
**Phantasie** *(f.)* imagination
**phantasiereich** imaginative
**plagen** to plague, bother, annoy
**Platte: harte Platte** *(f.)* hard disk
**Platz** *(m.)* place, spot; seat
**plötzlich** suddenly
**Pommes Frites** french fries
**Post** *(f.)* mail
**Prahlhans** *(m.)* braggart, showoff
**praktisch** practically
**Preis** *(m.)* price, cost
**probieren** to try; taste
**Prüfung** *(f.)* examination, test

## Q

**quälen** to torment
**Qualität** *(f.)* quality

## R

**radeln (sein)** to bike *(Austrian coll.)*
**rastlos** restless
**Rat** *(m.)* advice
**Rat holen** seek advice
**raten** to advise; guess
**Ratschlag** *(m.)* advice
**reagieren** to react
**Rechnung** *(f.)* bill, invoice
**Rechtsanwalt** *(m.)* male attorney
**Rechtsanwältin** *(f.)* female atorney
**rechtzeitig** on time, punctual
**reden** to talk, speak
**Redensart** *(f.)* saying, figure of speech
**Redewendung** *(f.)* idiom
**Regel** *(f.)* rule, regulation
**Regenschirm** *(m.)* umbrella
**Regierung** *(f.)* government
**Reifen** *(m.)* tire
**Reifenpanne** *(f.)* flat tire
**rein unmöglich** quite impossible
**reisen (sein)** to travel
**Reisende(r)** *(f. & m.)* traveler
**rennen (rannte, gerannt) (sein)** to run; race
**reparieren** to repair
**respektieren** to respect
**Rettungsdienst** *(m.)* emergency service
**richtig** correct, right
**Riesenhunger** *(m.)* tremendous hunger

**Riesenhunger haben**
to be famished
**riesig** huge, giant
**Ruf** *(m.)* shout
**rufen** to call; shout
**Ruhe** *(f.)* peace and quiet, silence
**rühren, sich** to stir, budge
**Rundgang** *(m.)* rounds
**einen Rundgang machen**
to make the rounds

### S

**Sache** *(f.)* thing
**Sack** *(m.)* bag, sack
**sagen** to say
**sarkastisch** sarcastically, sarcastic
**Satzzeichen** *(n.)* punctuation
**sauber** clean
**Schach** *(n.)* chess
**Schalter** *(m.)* window *(at bank)*; ticket office
**Schau!** Look!
**Schaufenster** *(n.)* store window
**scheinen (ie, ie)** to appear, seem
**scheint zu sprechen . . .**
seems to speak . . .
**schicken** to send
**schief-gehen (i, a) (sein)**
to go wrong
**Schild** *(n.)* sign
**schlagen (ä, u, a)** to beat
**Schlagzeug** *(n.)* percussion instrument
**schleichen (i, i), sich (sein)**
to sneak
**schließlich** finally
**schlimm** naughty; bad
**Schlips** *(m.)* necktie
**schlüpfen (sein)** to slip
**schmecken** to taste
**schmelzen (i, o, o) (sein)** to melt
**schmilzt: schmelzen** to melt
**Schnapsi** popular name for a small dog
**Schneckenpost** *(f.)* snail mail
**schneiden (i, i)** to cut
**Schneider** *(m.)* tailor
**schnell** quick, fast
**schöngeschnitzt** beautifully carved
**schrecklich gern haben** to be terribly fond of
**schreien (ie, ie)** to scream; cry loudly
**schreit wie am Spieß** screams at the top of one's lungs
**schüchtern** timid
**schuldig** guilty
**Schuldige(r)** *(f. & m.)* guilty person
**Schulzeit** *(f.)* school years
**Schuster** *(m.)* shoemaker
**schütteln** to shake
**Schutz** *(m.)* protection
**Schwanz** *(m.)* tail
**schweigend** silently, without speaking
**Schweiz** *(f.)* Switzerland
**schwer** heavy; difficult
**schwierig** difficult
**Seidentuch** silk scarf
**sein (ist, war, gewesen) (sein)**
to be
**selbstgebacken** homemade, baked at home
**Selbstvertrauen** *(n.)* self-confidence
**selten** rarely
**servieren** to serve
**Sessel** *(m.)* easy chair
**sicher(lich)** certainly, surely, for sure
**sie ist es müde** she is tired of
**sei kein Dummerle** don't be silly
**Siedlung** *(f.)* housing development
**Sinn für Humor** *(m.)* sense of humor
**Sitzplatz** *(m.)* seat *(in theater or movie, for instance)*
**sofort** immediately, at once
**Sonnenbrillen** *(pl.)* sunglasses
**Sonnenschutzöl** *(n.)* sunscreen
**Sonnenstrahl** *(m.)* sun's ray
**sonnig** sunny
**Sorge** *(f.)* concern, care, worry
**sich Sorgen machen** to be worried, to worry
**Sorgfalt** *(f.)* care, solicitude
**sorgfältig** careful, solicitous
**sowas (so etwas)** something like that
**sowieso** as it is
**sowohl . . . als auch** as well . . . as
**spanisch** Spanish
**spät** late
**Spazierstock** *(m.)* walking stick
**Speisekarte** *(f.)* menu
**spielen** to play
**Sprache** *(f.)* language
**sprechen (i, a, o)** to speak, talk
**Sprechstundenhilfe** *(f.)* office assistant *(male or female)*

**Sprichwort** *(n.)* proverb
**springen (a, u) (sein)** to jump, leap
**Staatsanwalt** *(m.)* district attorney
**Stadtteil** *(m.)* section or borough of a city
**statt** instead of
**steinreich** filthy rich
**stellen** to put or set in an upright position
**Stellung** *(f.)* position, job
**sterben (i, a, o) (sein)** to die
**Stille** *(f.)* quiet, silence, peace and quiet
**stolpern (sein)** to stumble
**strafen** to punish
**strahlend** beaming
**Strand** *(m.)* beach
**Straßenbahn** *(f.)* streetcar
**streng** strict, demanding
**Streuselkuchen** *(m.)* a type of cake
**Strom** *(m.)* electricity
**Strumpf** *(m.)* stocking
**Studienabschluß** *(m.)* conclusion of studies
**studieren** to study at a university or college
**Studium** *(n.)* study at a university or college

**T**

**Tafel** *(f.)* blackboard
**täglich** daily
**tagsüber** during the day
**tapfer** brave
**Tasche** *(f.)* pocket; purse, handbag
**Taste** *(f.)* key *(on computer, typewriter, piano)*
**täuschen** to deceive
**täuschen, sich** to be wrong
**Tausendmarkschein** *(m.)* thousand-mark bill
**Teich** *(m.)* pond
**teil-nehmen (i, a, o)** to participate
**Teller** *(m.)* plate
**Termin** *(m.)* appointment
**tief** deep; low
**Torte** *(f.)* torte, layer cake; tart
**tragen (ä, u, a)** to wear
**träumen** to dream
**traurig** sad
**Treppe** *(f.)* stair; step
**Trommel** *(f.)* drum
**trotz alledem** despite all of this
**trozdem** despite this; all the same
**tüchtige** capable
**tun Sie uns nichts!** don't do anything to us!, don't hurt us!
**Tür** *(f.)* door
  **die Tür ein-rennen** to break down the door

**U**

**U-Bahn** *(f.)* subway
**überhaupt nie** never
**übernachten** to spend the night
**überqueren** to cross
**überrascht** surprised
**Überraschung** *(f.)* surprise
**übertreiben (ie, ie)** to exaggerate
**überzeugen** to convince
**übrigens** by the way, besides
**Ufer** *(n.)* riverbank
**Uhr** *(f.)* clock; watch
**um-bringen (-brachte, -gebracht)** to kill
**um-drehen, sich** to turn *(oneself)* around
**um-steigen (ie, ie) (sein)** to change planes, trains, etc.
**um-ziehen, s (o, o)** to change clothes
**unehrlich** dishonest
**Unfall** *(m.)* accident
**Ungarn** *(n.)* Hungary
**ungezogen** naughty
**unglaublich** incredible, unbelievable
**unglücklich** unhappy
**unmöglich** impossible
**unrecht haben** to be wrong
**Unschuldige(r)** *(f. & m.)* innocent person
**unterbrechen (i, a, o)** to interrupt
**unterhalten (ä, ie, a), sich** to converse, chat
**Unterhaltung** *(f.)* entertainment; conversation
**Unterricht** *(m.)* class, lesson
**Unterrichtsstunde** *(f.)* class period
**untersuchen** to examine
**unterwegs sein** to travel, be underway
**unvorsichtig** careless, not cautious
**unwissend** ignorant

**Uralgebirge** *(n.)* the Ural Mountains *(range that marks the approximate boundary between Europe and Asia)*
**Urlaub** *(m.)* vacation
**Urlaubswoche** *(f.)* vacation week
**Urteil** *(n.)* judgment, sentence

### V

**verabreden, sich** to make a date
**verändern** to change
**veranstalten** to put on, stage
**verantwortungsbewußt** conscientious, responsible
**verantwortungslos** irresponsible
**verärgern** to aggravate or anger someone
**verbrachte: verbringen (a, a)** to spend *(time)*
**Verbrechen** *(n.)* crime
**verbrennen (verbrannte, verbrannt) (sein)** to burn, burn up
**verbringen (a, a)** to spend *(time)*
**verderben (i, a, o) (sein)** to spoil
**verdienen** to deserve
**verdunkeln, sich** to get dark; darken
**vergehen (i, a) (sein)** to pass, cease *(time, for instance)*
**vergleichen (i, i)** to compare
**verhalten (ä, ie, a), sich** to behave
**verkaufen** to sell
**verlangen** to demand
**verlassen (ä, ie, a)** to leave
**verlaufen (ä, ie, au) (sein)** to pass, elapse, take its course
  **das Leben verläuft** life takes its course
**verlegen** embarrassed; shy
**verletzt** injured
**verlieren (o, o)** to lose
**verpassen** to miss
**verraten (ä, ie, a)** to betray, give away
**verrückt** crazy, insane
**verschieden** different, various
**verschönern** to beautify, adorn
**versichern** to assure
**Verspätung haben** to be late
**versprechen (i, a, o)** to promise
**Verständnis** *(n.)* comprehension, understanding
**verstecken** to hide
**verstehen (a, a)** to understand
**verstimmt** out of sorts, annoyed
**Versuch** *(m.)* experiment; attempt
**verteidigen, sich** to defend oneself
**verteilen** to distribute
**vertragen (ä, u, a)** to stand, bear, tolerate
**Vertrauen** *(n.)* confidence
**vertrauen** to trust, have confidence
**verurteilen** to sentence, condemn
**verwandt** related
**Verwandte** *(pl.)* relatives
**verwenden** to use, make use of
**verwirrt** confused
**vielleicht** perhaps, maybe
**Vogel** *(m.)* bird
**voll Angst** full of fear
**vollkommen** perfectly
**von** of, from
**vor** before; ahead; in front of
**Voraus** *(n.)* advance
  **im Voraus** in advance
**vorbei-fließen (o, o) (sein)** to flow past
**vorbei-gehen (i, a) (sein)** to go past, walk past
**vorbei-kommen (a, o) (sein)** to stop by, drop in, visit
**vorfahren (sein)** to pull up *(a car, for instance)*)
**vorher** before
**vorig-** most recent, former
**vor-stellen, sich** to introduce oneself; imagine
**vorsichtig** cautious, careful
**Vorteil** *(m.)* advantage
**vor-ziehen (o, o)** to prefer

### W

**wachsen (ä, u, a) (sein)** to grow
**Waggon** *(m.)* railway car
**wählen** to choose, select; vote
**während** during
**Wahrheit** *(f.)* truth
**Wandern** *(n.)* hiking
**Wartesaal** *(m.)* waiting room
**warum** why
**was** what
**was fehlt Ihnen?** what's wrong with you?
**was liegt dir am Herzen?** what's on your mind?

**wechseln** to change (*money, for instance*)
**wecken** to wake up (*another person*)
**Wecker** *(m.)* alarm clock
**weg** away
**wegen** because of, on account of
**weg-nehmen (i, a, o)** to take away
**weigern, sich** to refuse
**Weile** *(f.)* a while
**weinen** to weep, cry
**Weintrauben** *(pl.)* grapes
**weit weg** far away
**Weltraum** *(m.)* outer space
**wenden, sich** to turn to
**wer** who
**werben (i, a, o)** to advertise
**Werbung** *(f.)* advertisement
**werfen (i, a, o)** to throw
**Wetter** *(n.)* weather
**wichtig** important
**Wichtigkeit** *(f.)* importance
**wie schade** that's too bad
**wieviel** how much
**wieviele** how many
**winzig** tiny
**wirklich** really
**Wirklichkeit** *(f.)* reality
**wissen (weiß, wußte, gewußt)** to know
**Wolke** *(f.)* cloud
**Wort** *(f.)* word
  **zu Wort kommen** to get a word in edgewise
**wozu** for what, to what end
  **wozu sind Diebe gut?** what good are thieves?
**wüßte** would know
**wütend** enraged

**Z**
**zäh** tough
**zeigen** to show
**Zeitalter** *(n.)* age, period in time or history
**zerstreut** absentminded
**zertrümmern** to smash to bits
**Zettel** *(m.)* scrap of paper, piece of paper
**ziehen (zog, gezogen)** to pull, draw
**Ziel** *(n.)* goal, aim
**ziemlich** rather, kind of
**zitieren** to quote
**zögern** to hesitate
**Zollabfertigung** *(f.)* customs
**Zoologischer Garten** *(m.)* zoo
**zu Fuß** on foot
**zucken** to shrug
**zu-fallen (ä, ie, a) (sein)** to fall shut
**Zug** train; move (*in chess*)
**Zukunft** *(f.)* future
**zuletzt** last; in the end, finally
**Zunge** *(f.)* tongue
  **die Zunge heraus-stecken** to stick out one's tongue
**Zungenspitze** *(f.)* tip of the tongue
**zu-sagen: es sagt mir zu** it appeals to me
**Zusammenfassung** *(f.)* summary, précis
**Zutrauen** *(n.)* confidence